"À vaillant coeur rien d'impossible."
- Jacques Coeur

Merci D'avoir Investi Votre Précieux Temps Dans Ce Livre !

Après que ce livre ait été commandé, nous avons demandé à nos spécialistes de régler notre machine typographique basée sur l'originale de Guttenberg pour créer ce livre spécialement pour vous. L'odeur de l'impression de l'encre fraîche flottait dans l'air de l'ensemble de notre compagnie. Avec des gants naturels antimicrobiens, votre livre a doucement été pris de notre presse d'impression et placé sous le microscope électronique le plus à jour. Une équipe de sept spécialistes du livre ont inspecté votre livre et poli la couverture pour s'assurer qu'il était dans un état impeccable avant de les poster. Deux maîtres zen provenant du Tibet ont récité une protection-sutra avant de mettre votre livre dans la plus belle boîte d'emballage en carton qui était disponible dans le pays. Nous avons tous eu une merveilleuse méditation aux chandelles par la suite et toute l'équipe a dit "Adieu !" à votre colis lorsqu'il a été mis dans une longue limousine noire qui s'est dirigée vers le bureau de poste. Là, notre jet privé relaxation4.me attendait déjà pour prendre votre colis avec soin et voler directement à votre belle maison.

Nous espérons que vous apprécierez ce livre et que vous aurez de nombreuses heures de plaisir avec celui-ci. En commémoration, nous avons placé votre image sur notre mur en tant que "Client du mois". Nous sommes tous épuisés, mais nous sommes impatients de vous revoir à relaxation4.me !

Merci, merci, merci !

Hansi, président de relaxation4.me
le petit éditeur des meilleurs livres à colorier pour adultes qui soulagent le stress

www.relaxation4.me

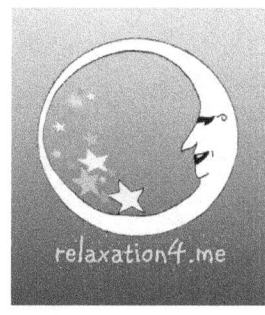

relaxation4.me

Le stress est un problème majeur dans le 21ème siècle. Presque tout le monde dans notre société est influencé par lui. Songeant à la façon dont nous pourrions contribuer pour rendre ce monde meilleur, nous sommes tombés sur Livres à colorier pour les adultes. Reconnaissant que vraiment beaucoup de gens les aiment pour oublier leur vie quotidienne stressante, nous avons décidé de publier nos propres versions.

www.relaxation4.me

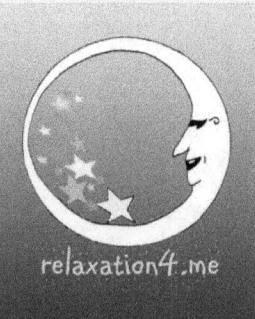

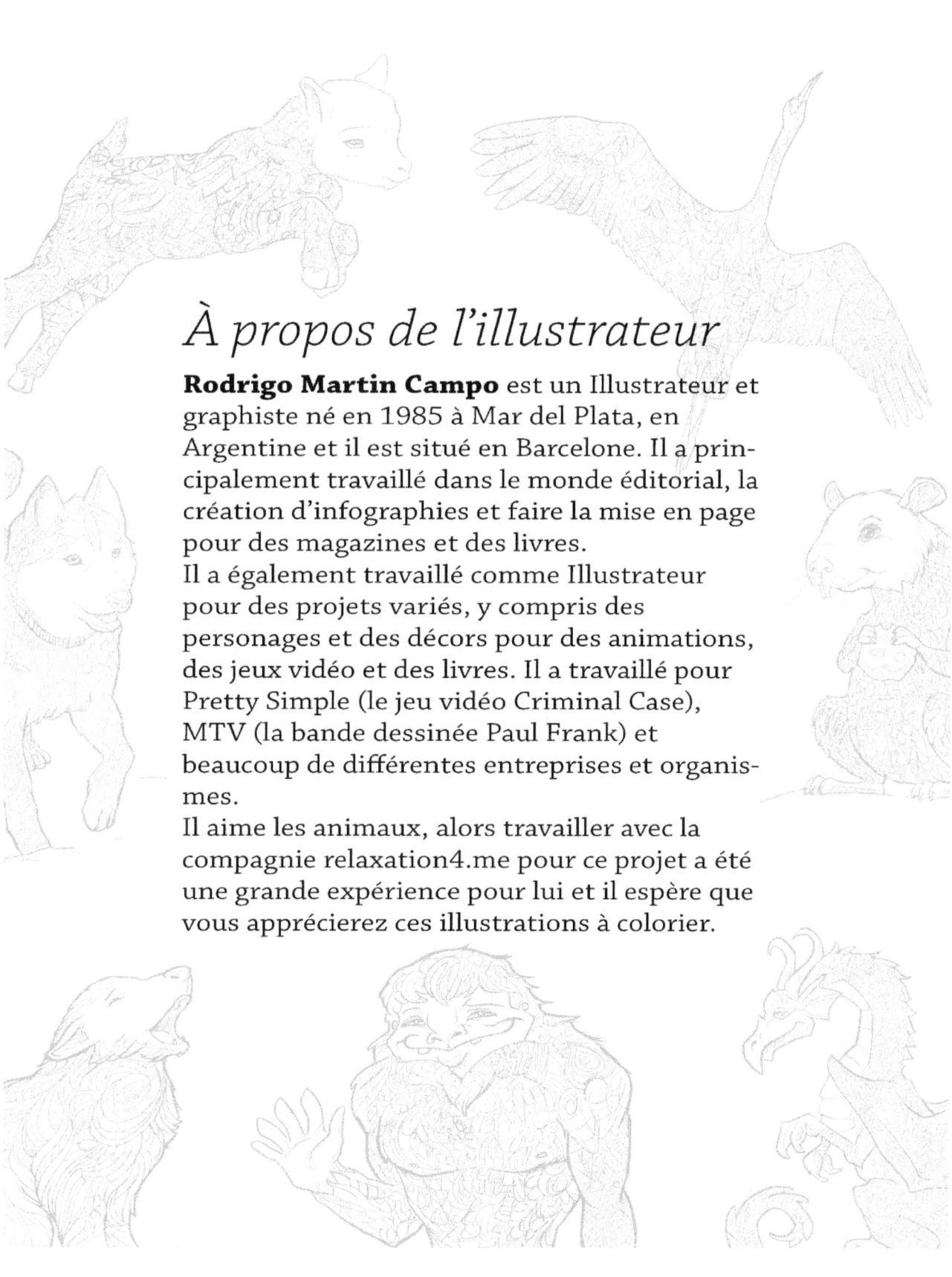

À propos de l'illustrateur

Rodrigo Martin Campo est un Illustrateur et graphiste né en 1985 à Mar del Plata, en Argentine et il est situé en Barcelone. Il a principalement travaillé dans le monde éditorial, la création d'infographies et faire la mise en page pour des magazines et des livres.

Il a également travaillé comme Illustrateur pour des projets variés, y compris des personages et des décors pour des animations, des jeux vidéo et des livres. Il a travaillé pour Pretty Simple (le jeu vidéo Criminal Case), MTV (la bande dessinée Paul Frank) et beaucoup de différentes entreprises et organismes.

Il aime les animaux, alors travailler avec la compagnie relaxation4.me pour ce projet a été une grande expérience pour lui et il espère que vous apprécierez ces illustrations à colorier.

Pour Un Plus Beau Média Social

Nous voulons améliorer l'apparence de l'Internet grâce à votre aide. Envoyez-nous vos chefs-d'oeuvre coloriés à info@relaxation4.me ou sur notre page Facebook et nous les montrerons à la planète.

Ne soyez pas timide, inspirez les autres !

www.facebook.com/relaxation4me

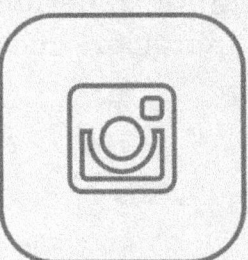

www.instagram.com/relaxation4.me

Stimulez Du Stress Positif (Eustress) Tout En Coloriant

Stimulez l'Eustress tout en coloriant vous aidera à soulager le stress, devenir plus concentré, atteindre un sentiment de sérénité, être dans un état d'intemporalité, améliorer votre coordination oeil-main, stimuler votre créativité et à vous restaurer globalement.

Trouver.

Trouvez un endroit agréable et confortable.

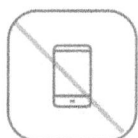

Éteindre.

Éteignez les appareils électroniques dérangeants.

Colorier.

Trouvez votre illustration préférée et commencez à la colorier.

Restaurer.

Ressentez le stress disparaître, la relaxation se dirigée à travers votre corps et profitez du moment.

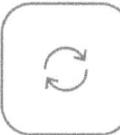

Répéter.

Prenez une pause et répétez à chaque fois que vous le souhaitez.

Des Astuces De Pros

Restez Aiguisé – Pour être en mesure d'entrer dans les espaces et les bords serrés, assurez-vous toujours que vos crayons soient bien aiguisés.

Faites Des Essais – N'hésitez pas à effectuer des expérimentations avec les couleurs sur un papier brouillon. Essayez-les, mélangez-les et observez si le résultat ressemble à la couleur que vous souhaitiez utiliser.

Dépassez Les Lignes – N'hésitez pas à colorier en dehors des lignes. Il s'agit de votre art et non celui de quelqu'un d'autre.

Double Couche – Mettez une feuille de papier sous l'illustration que vous êtes sur le point de colorier afin d'éviter de passer au travers.

Colorez Votre Humeur – Différentes couleurs expriment et affectent différentes émotions et humeurs. Les couleurs comme le violet, le vert et le bleu ont un effet apaisant. Vous pouvez les utiliser si vous désirez vous détendre (littéralement). Les couleurs vives sont destinées pour dynamiser, alors choisissez ces couleurs si vous voulez un petit coup de fouet intérieur. Les couleurs chaudes comme le jaune, l'orange et le rouge sont les stimulants. Vous pouvez essayer ces couleurs pour égayer votre mauvaise humeur. Les couleurs foncées peuvent également transporter l'énergie de détente et vous pouvez les utiliser afin de faire baisser d'un cran votre esprit hyperactif. Les teintes pâles et les pastels aident à apaiser l'âme et ils communiquent aussi la douceur.

Récupération à tous les jours – Coloriez à tous les jours pendant au moins 15 minutes pour avoir un effet positif et relaxant général dans votre vie. Ce ne sont pas les choses que nous faisons qu'une seule fois qui changent nos vies, mais plutôt celles que nous accomplissons régulièrement.

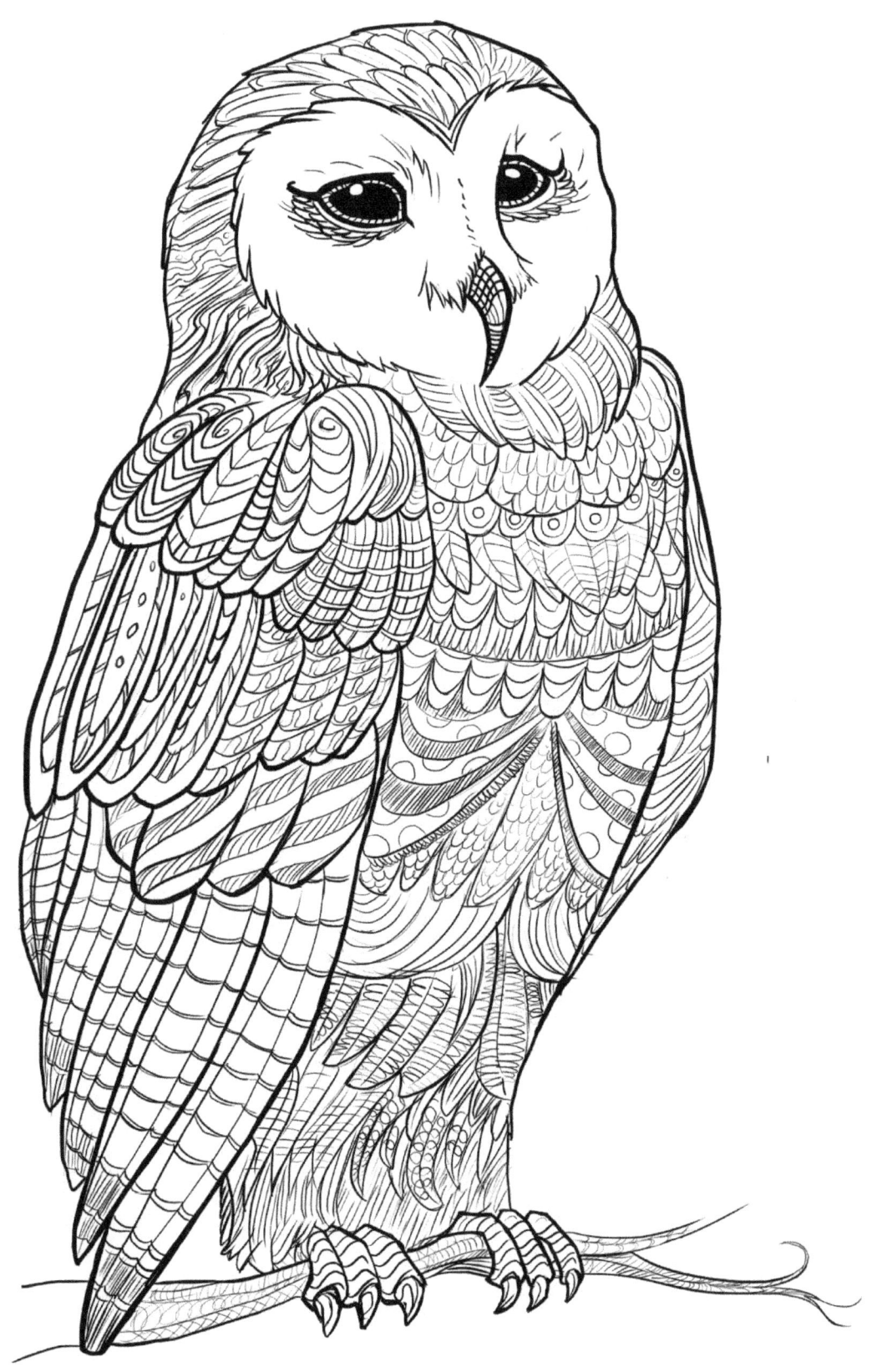

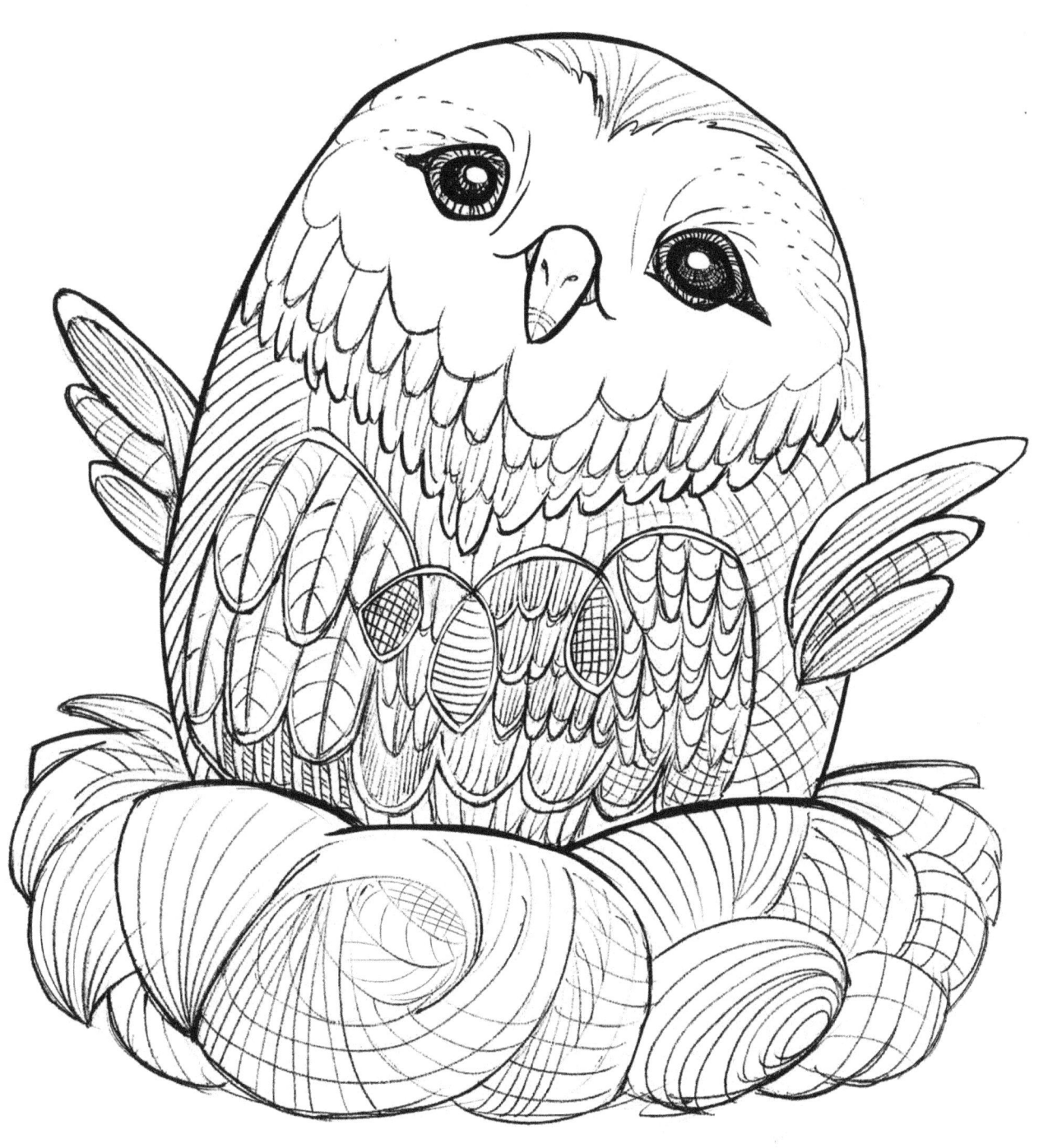

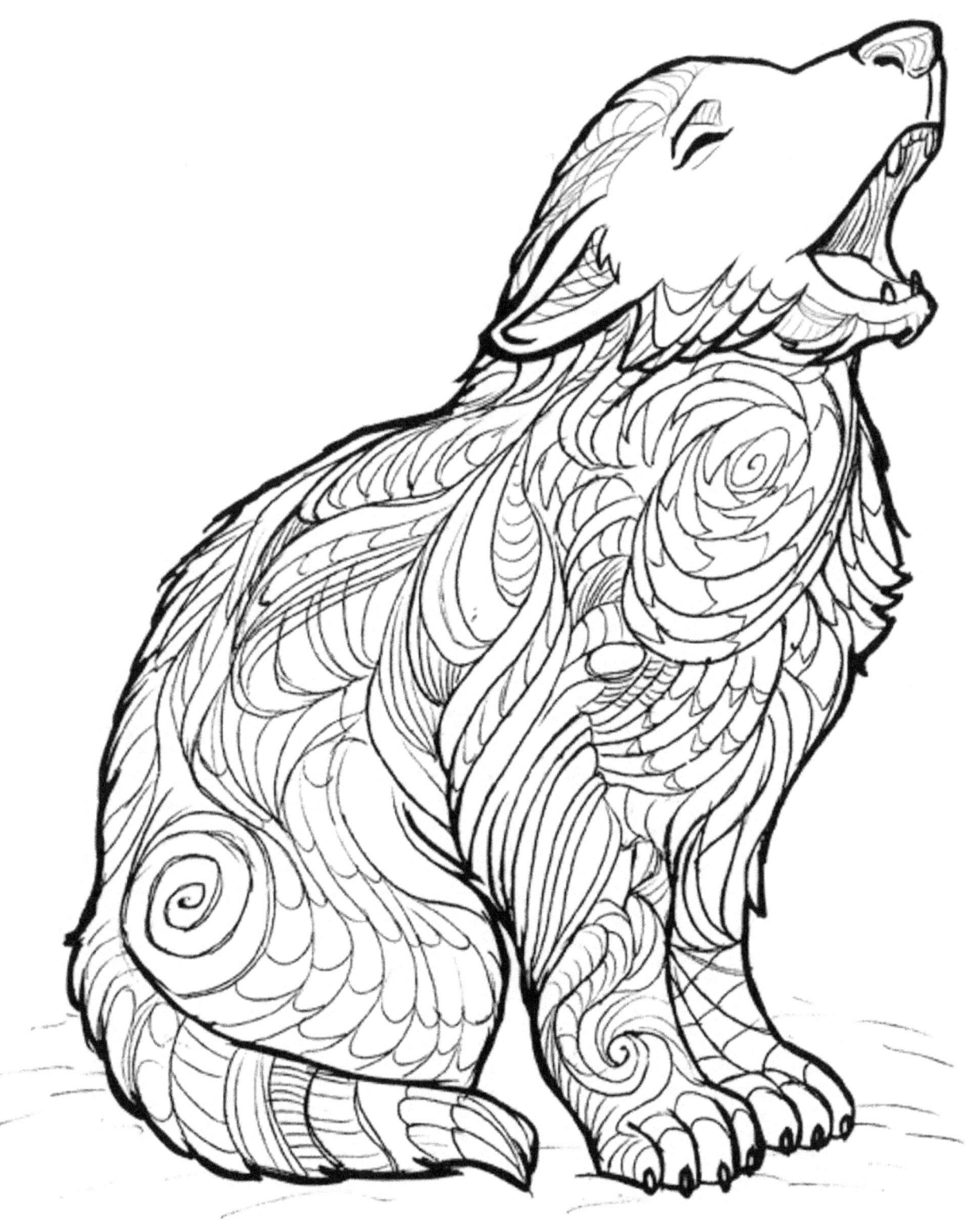

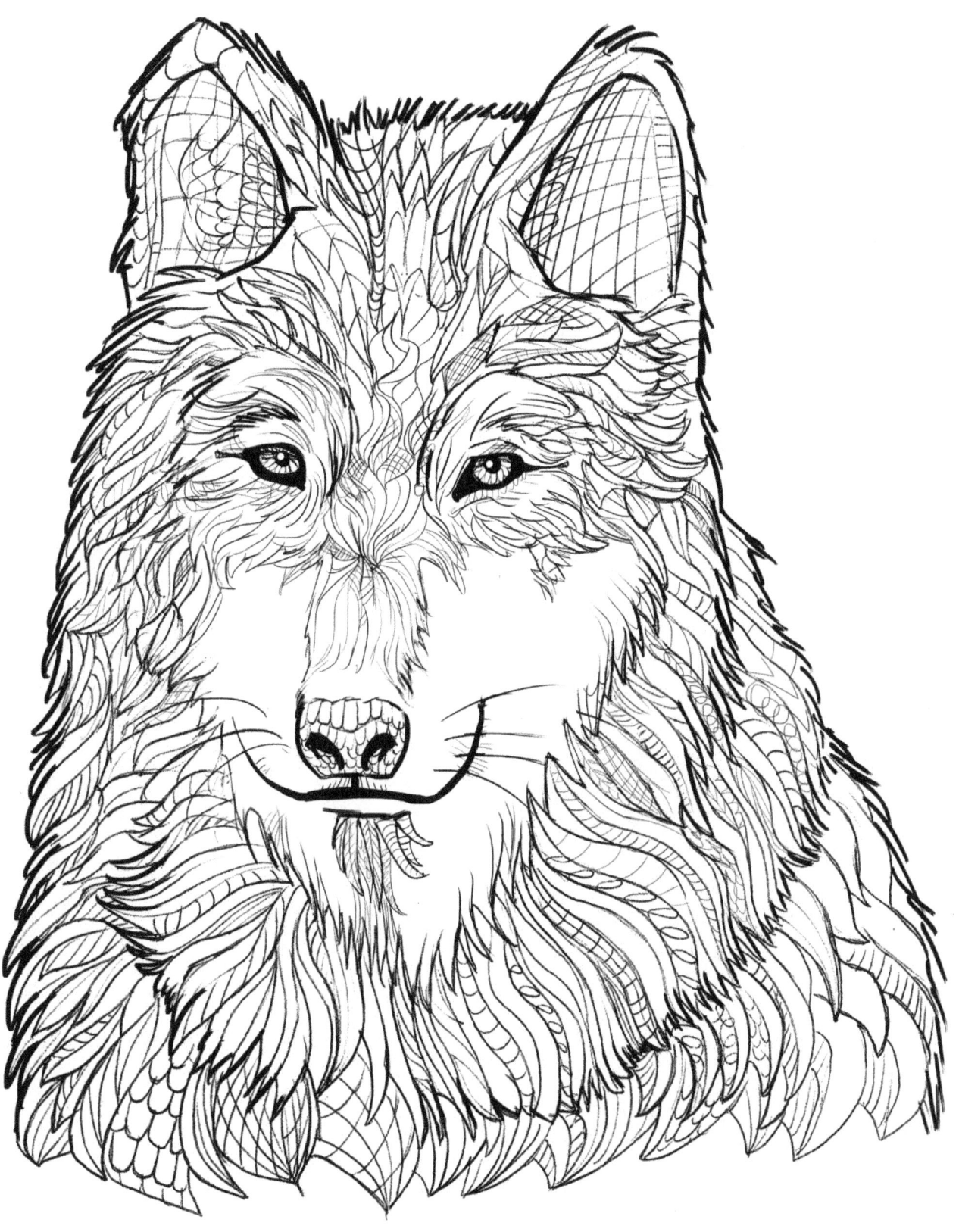

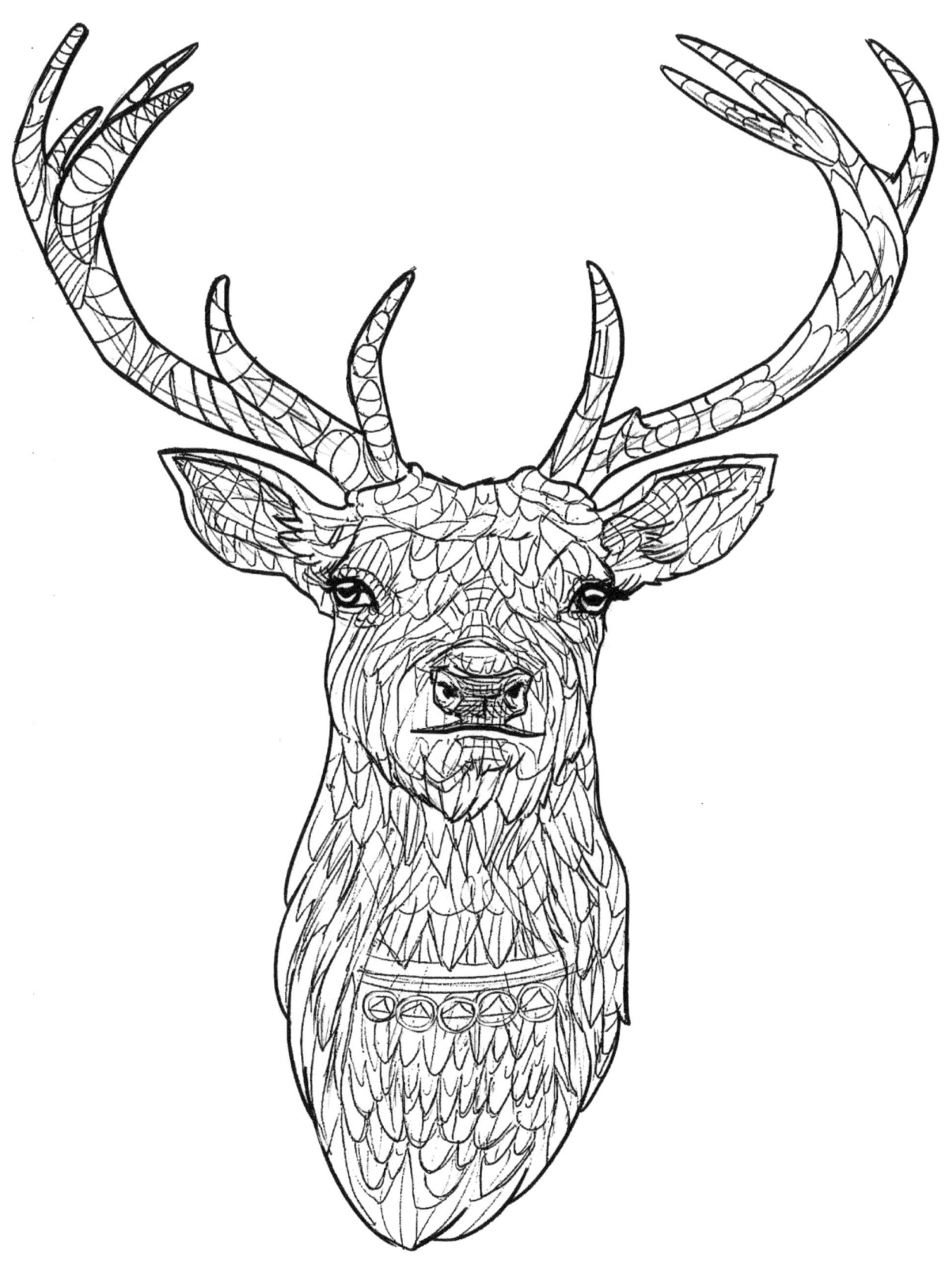

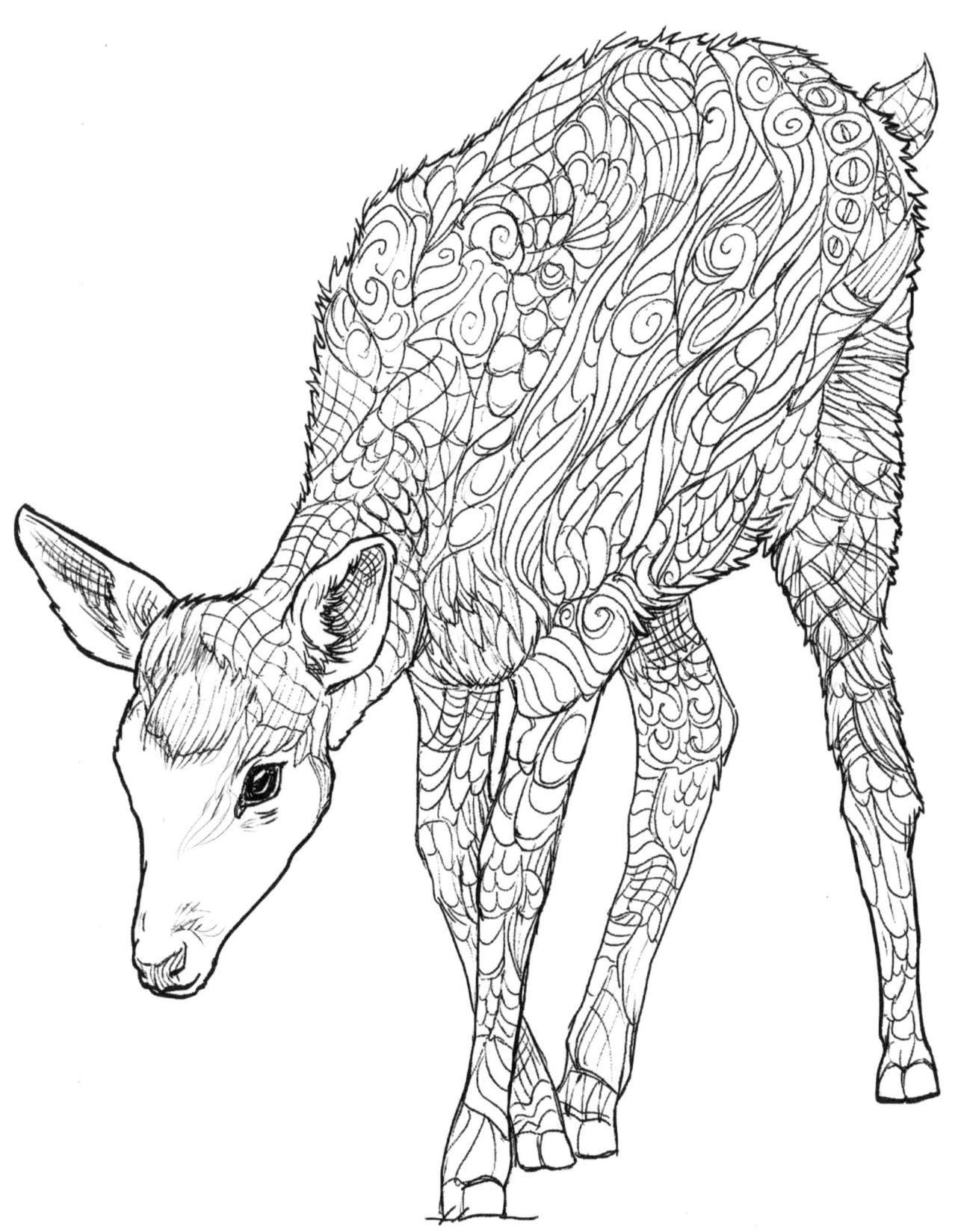

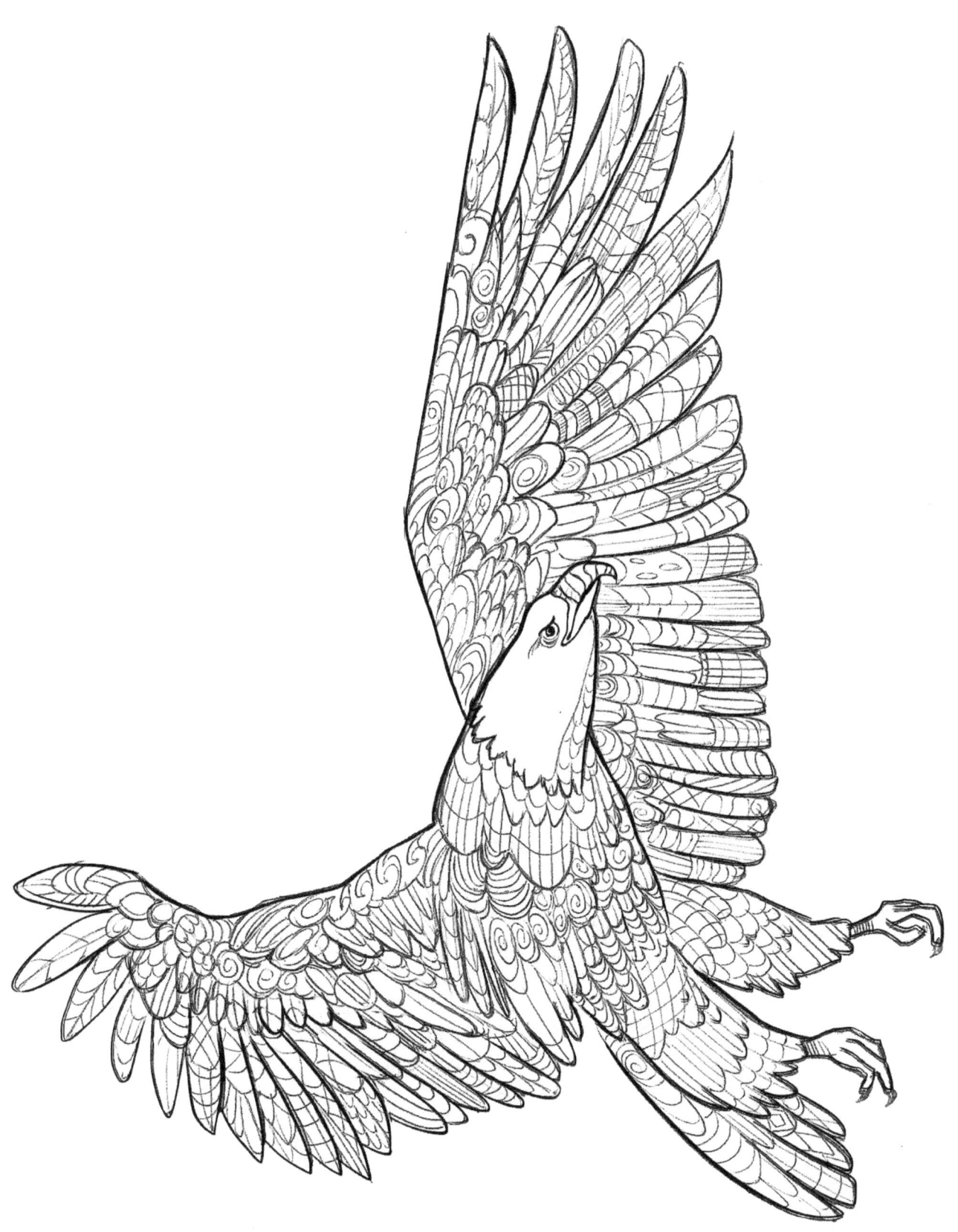

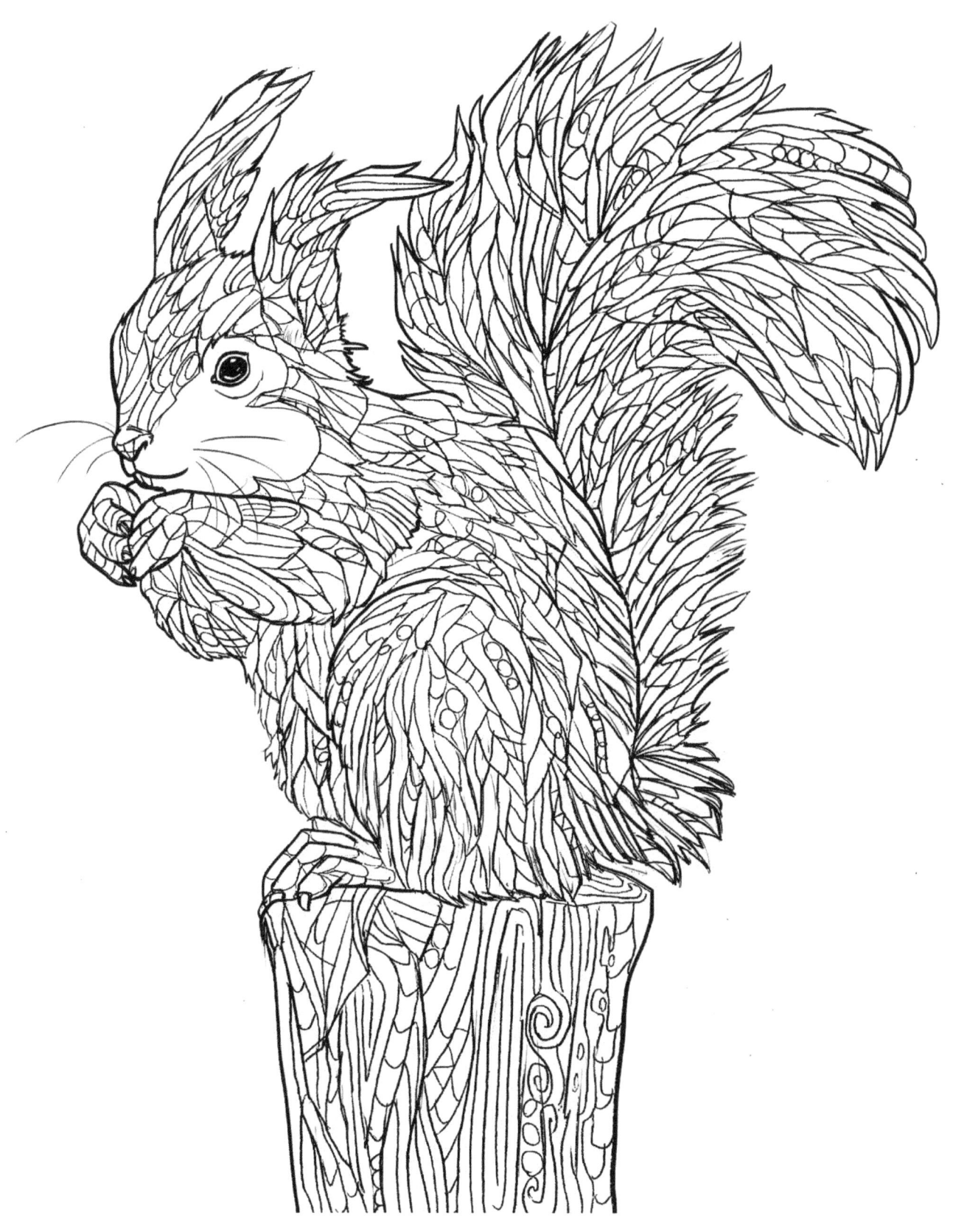

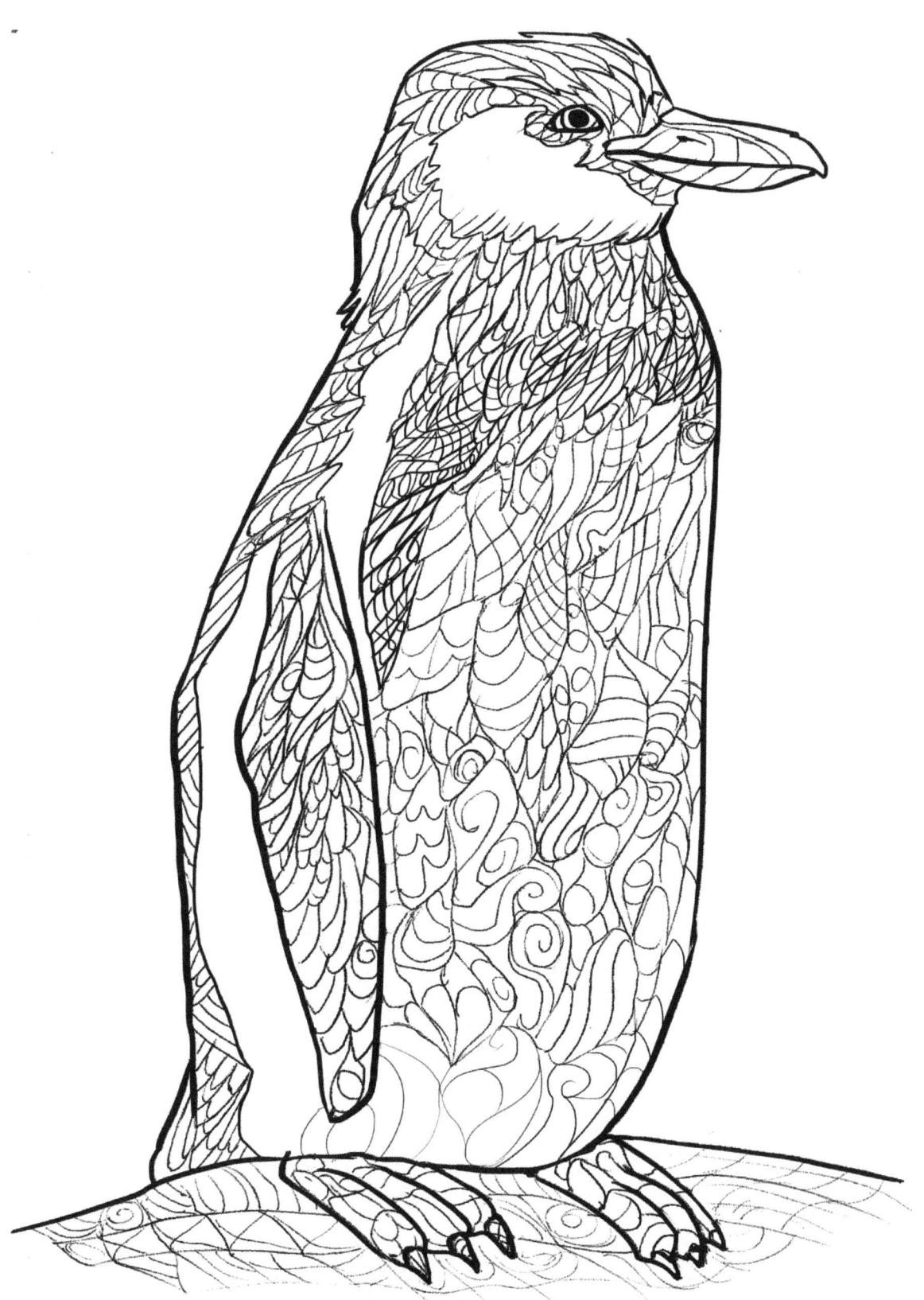

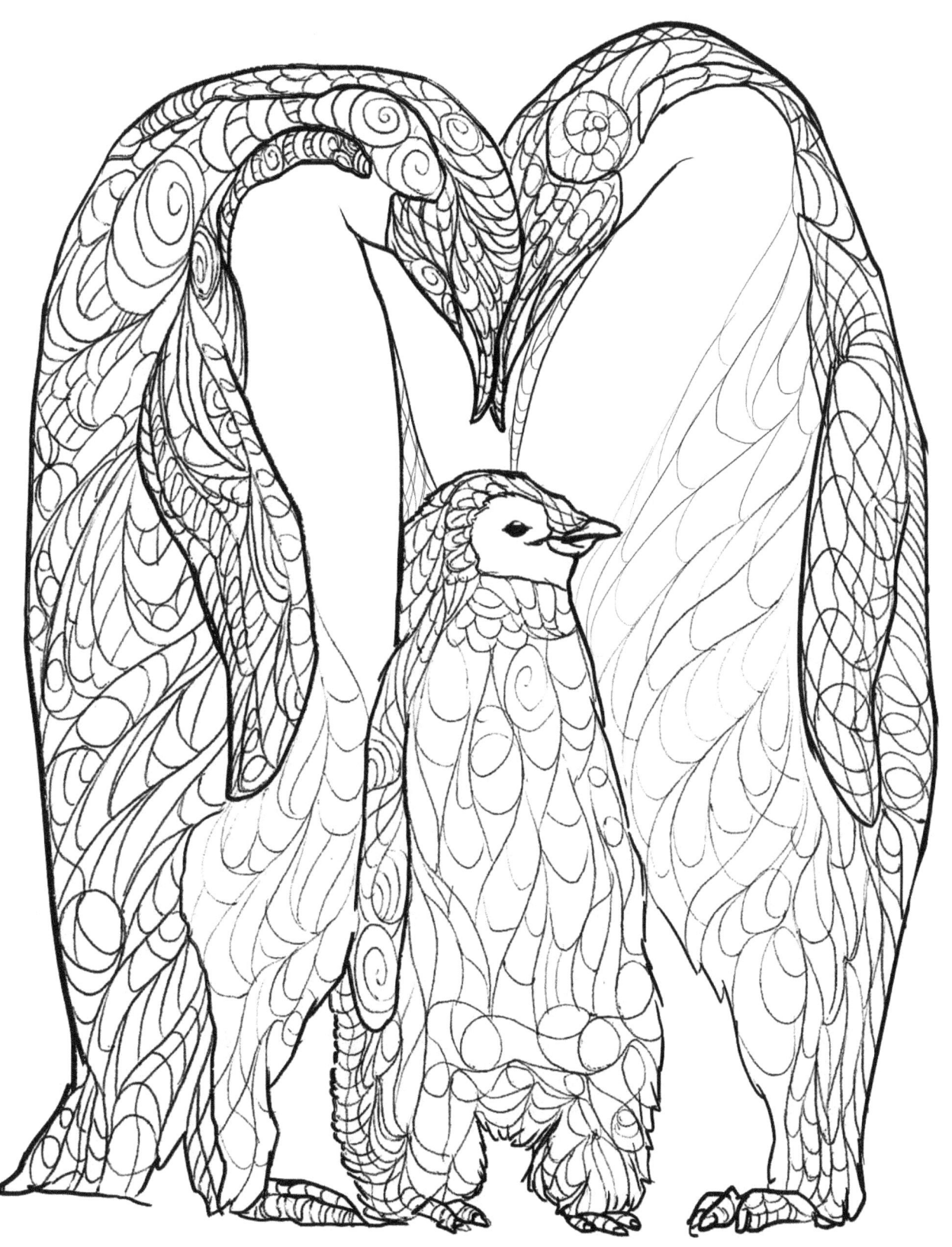

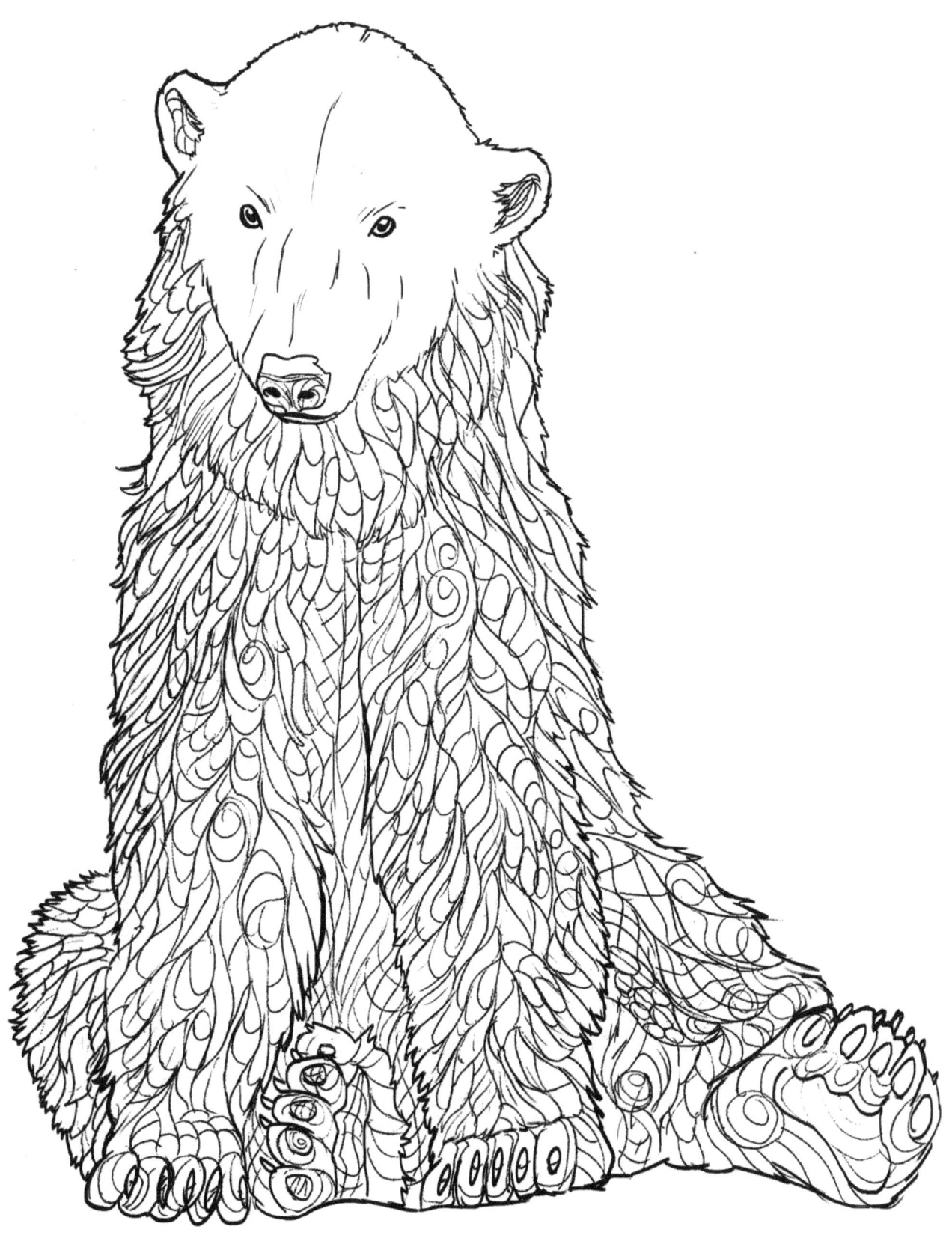

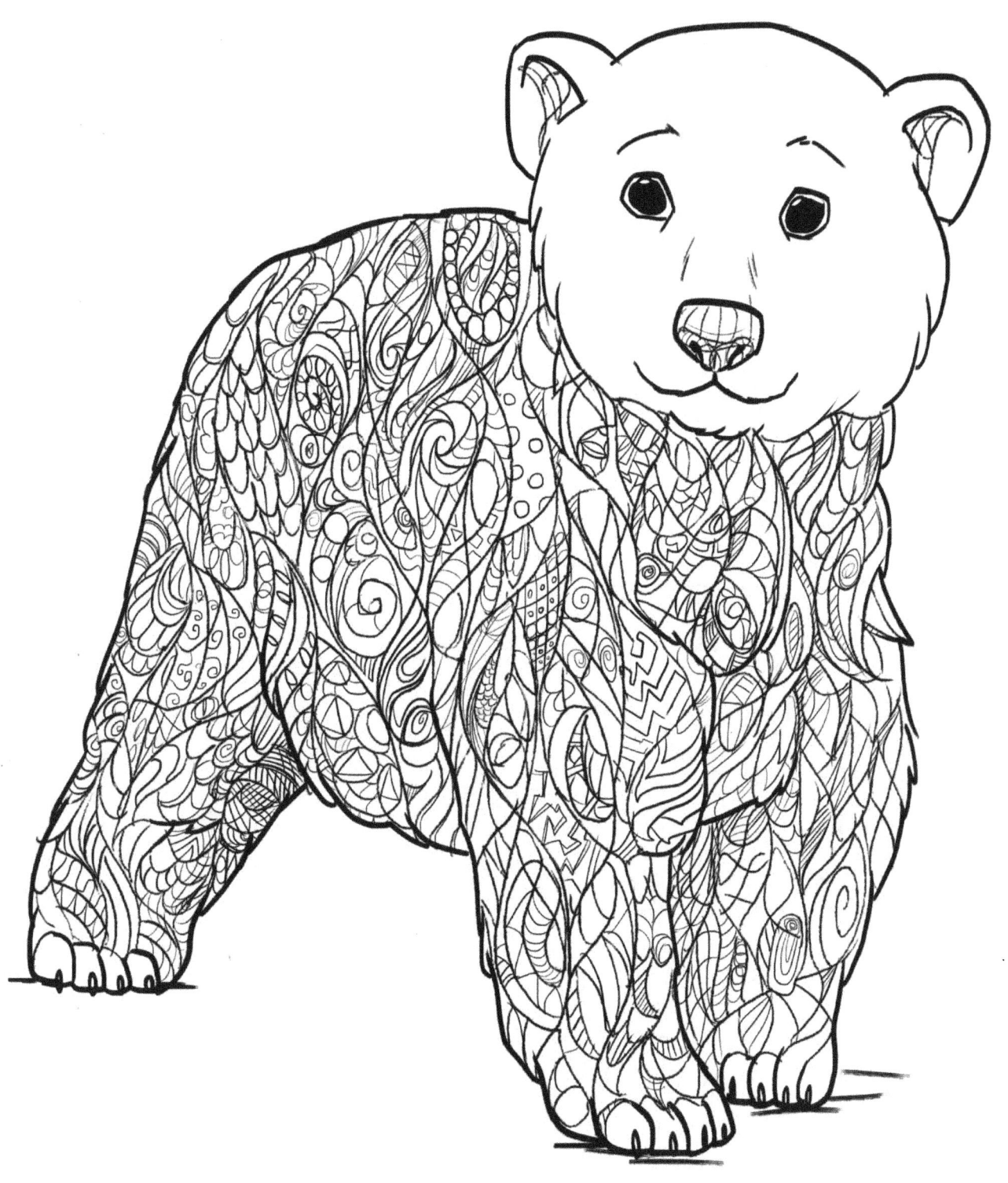

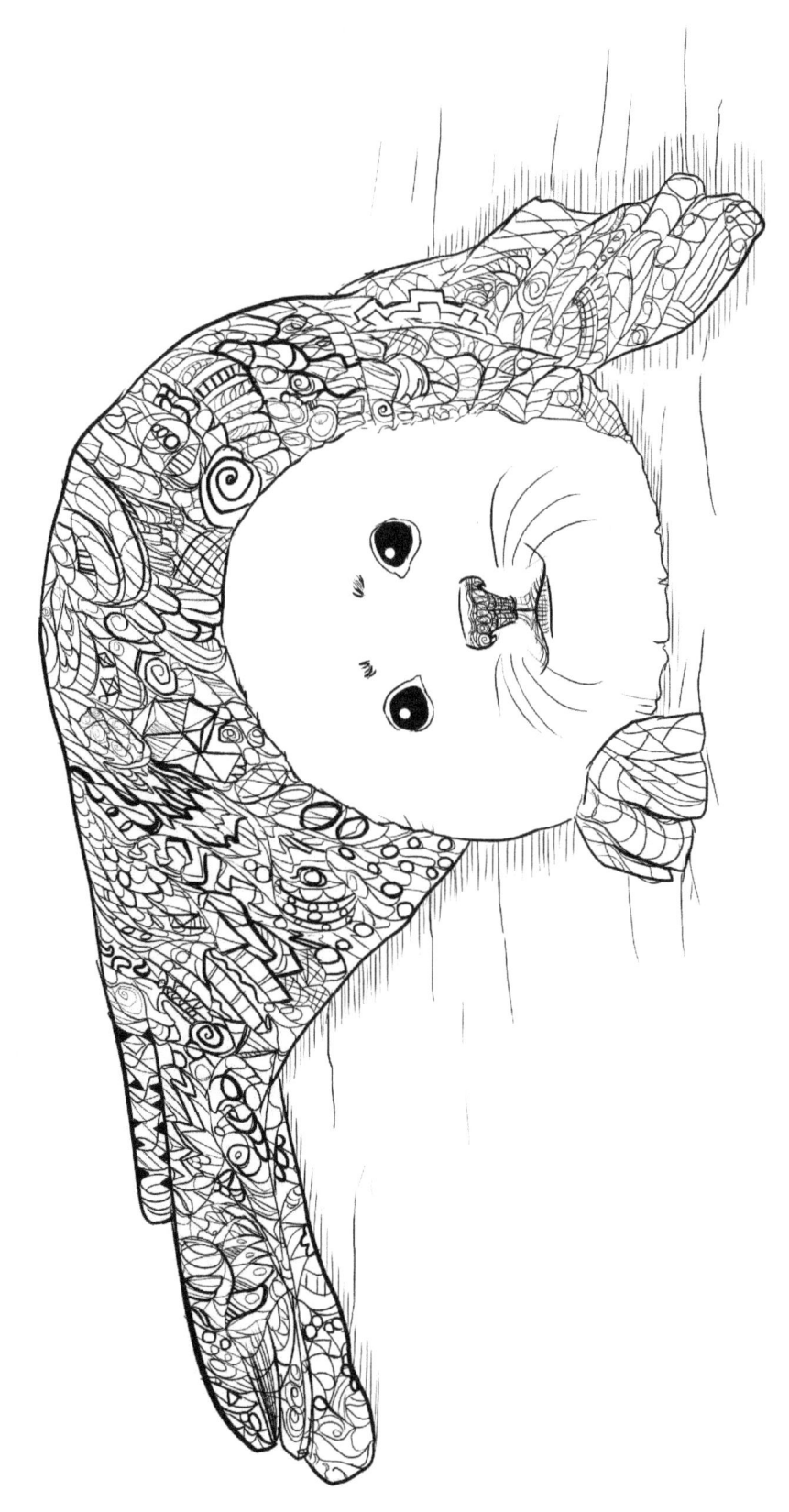

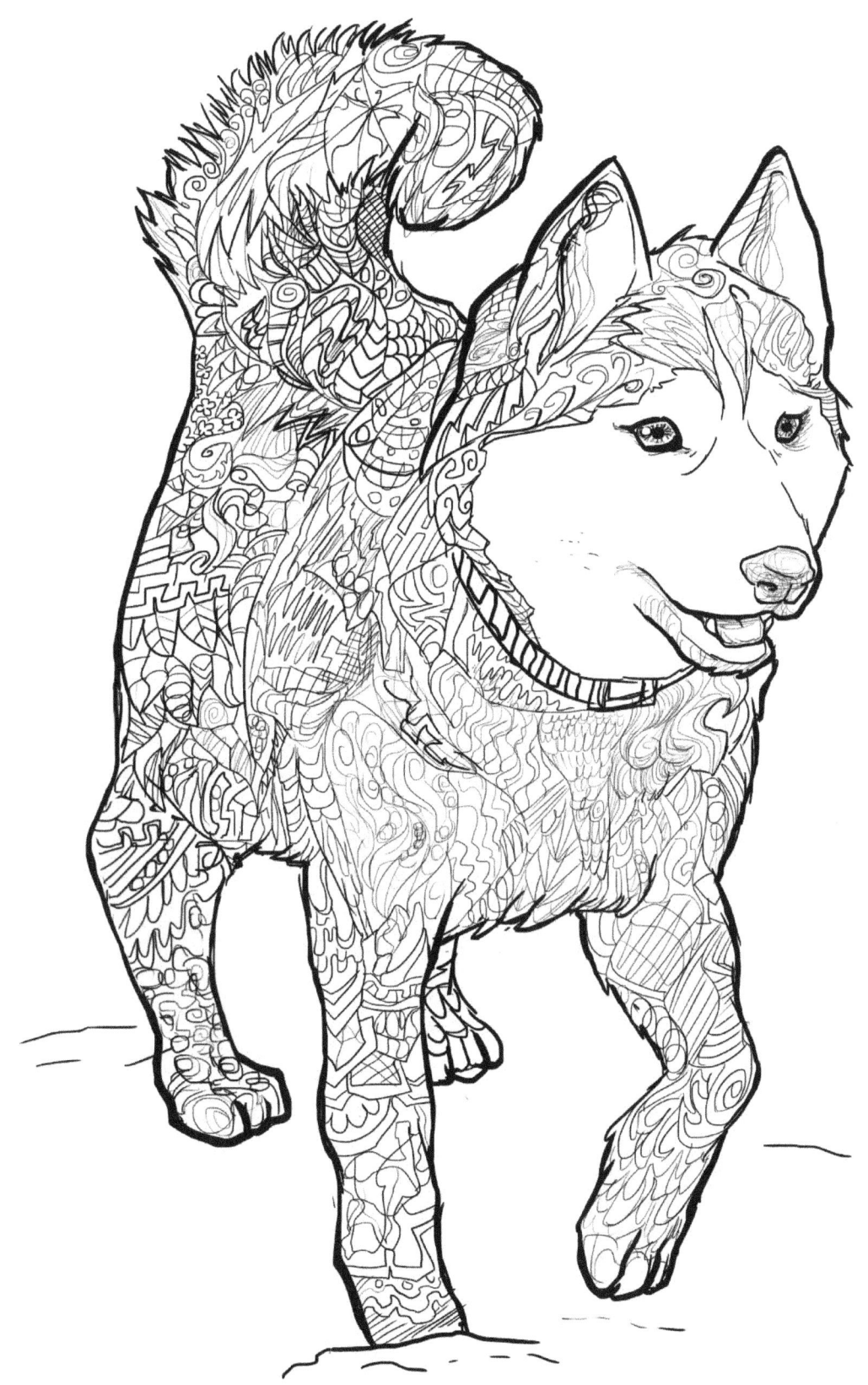

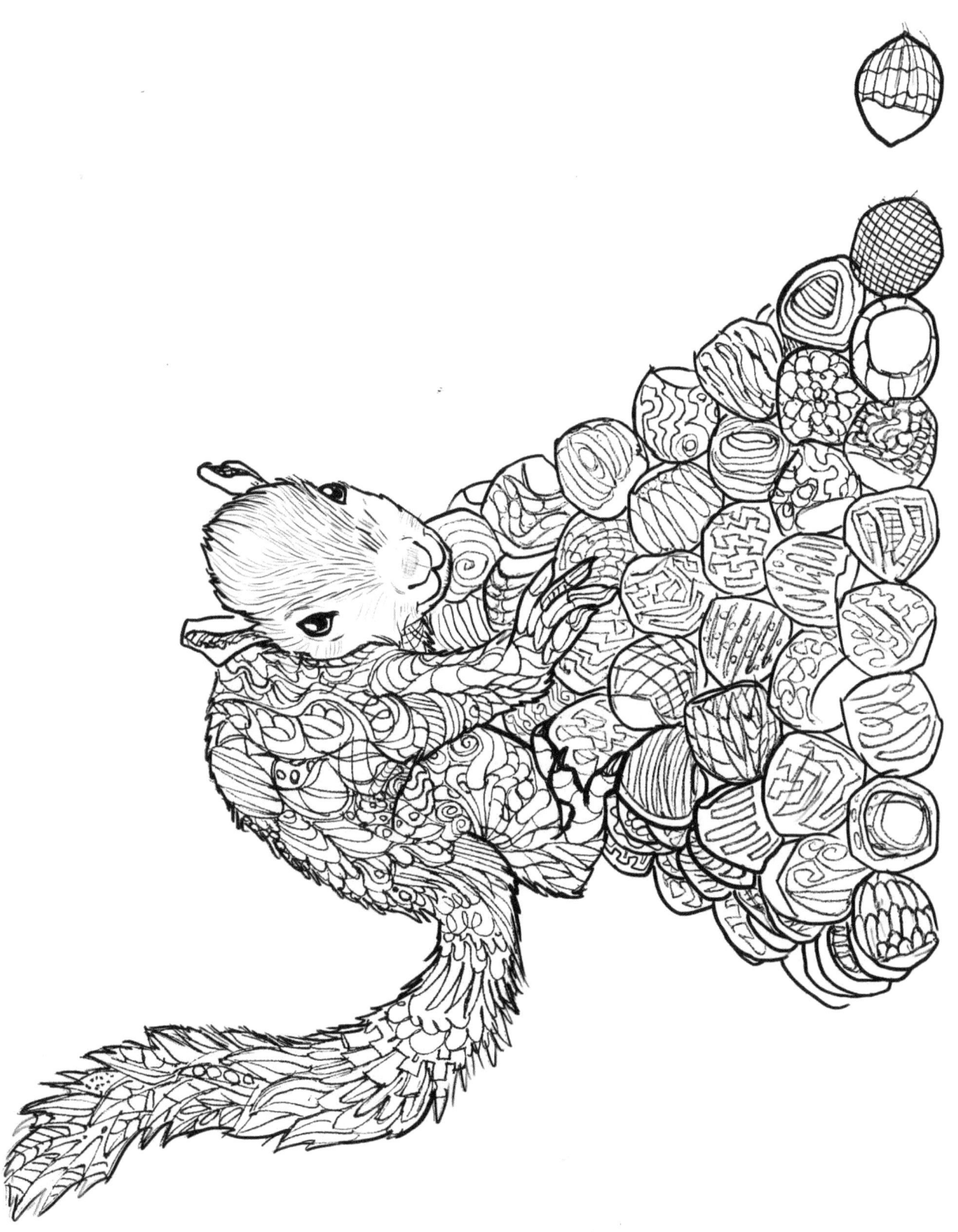

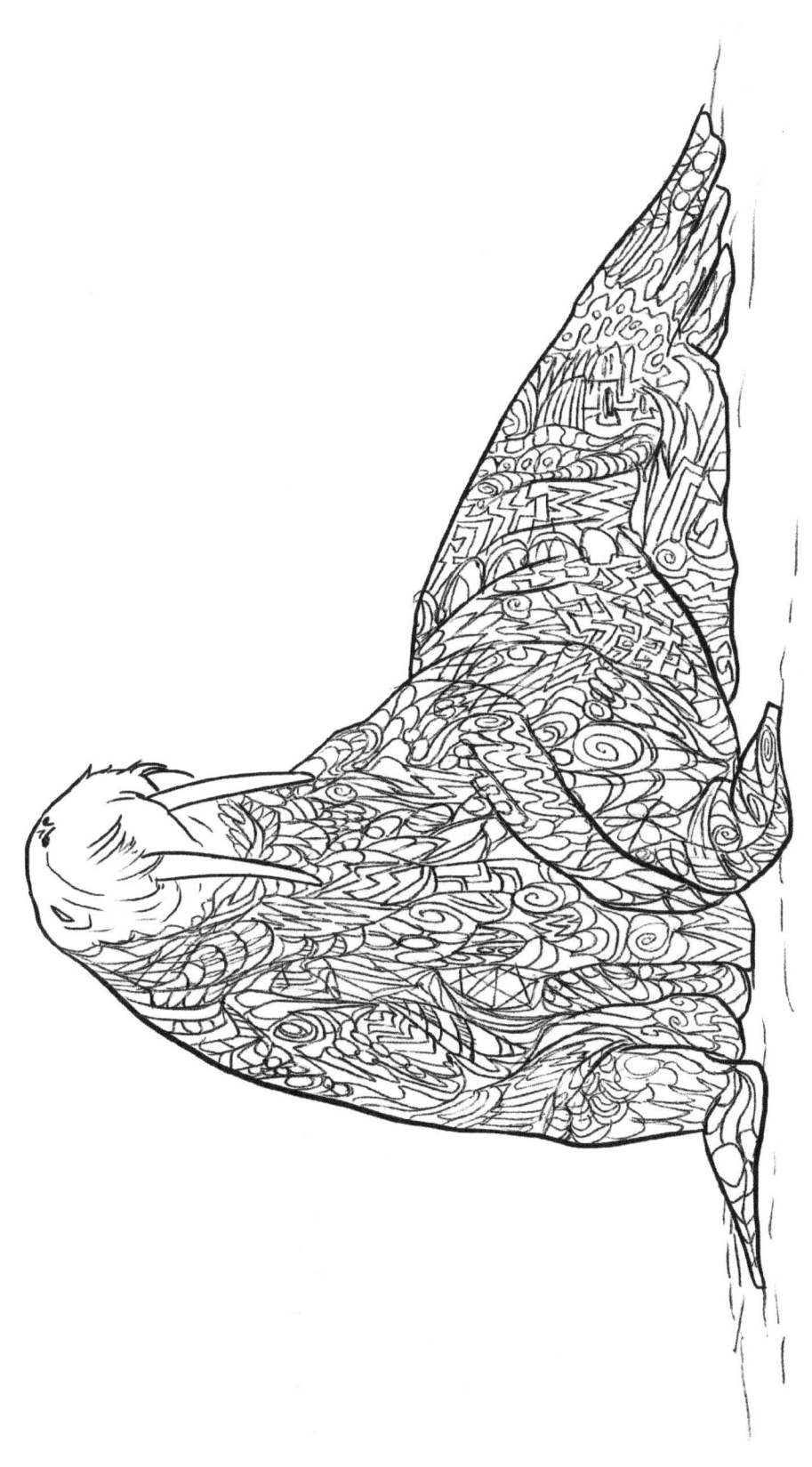

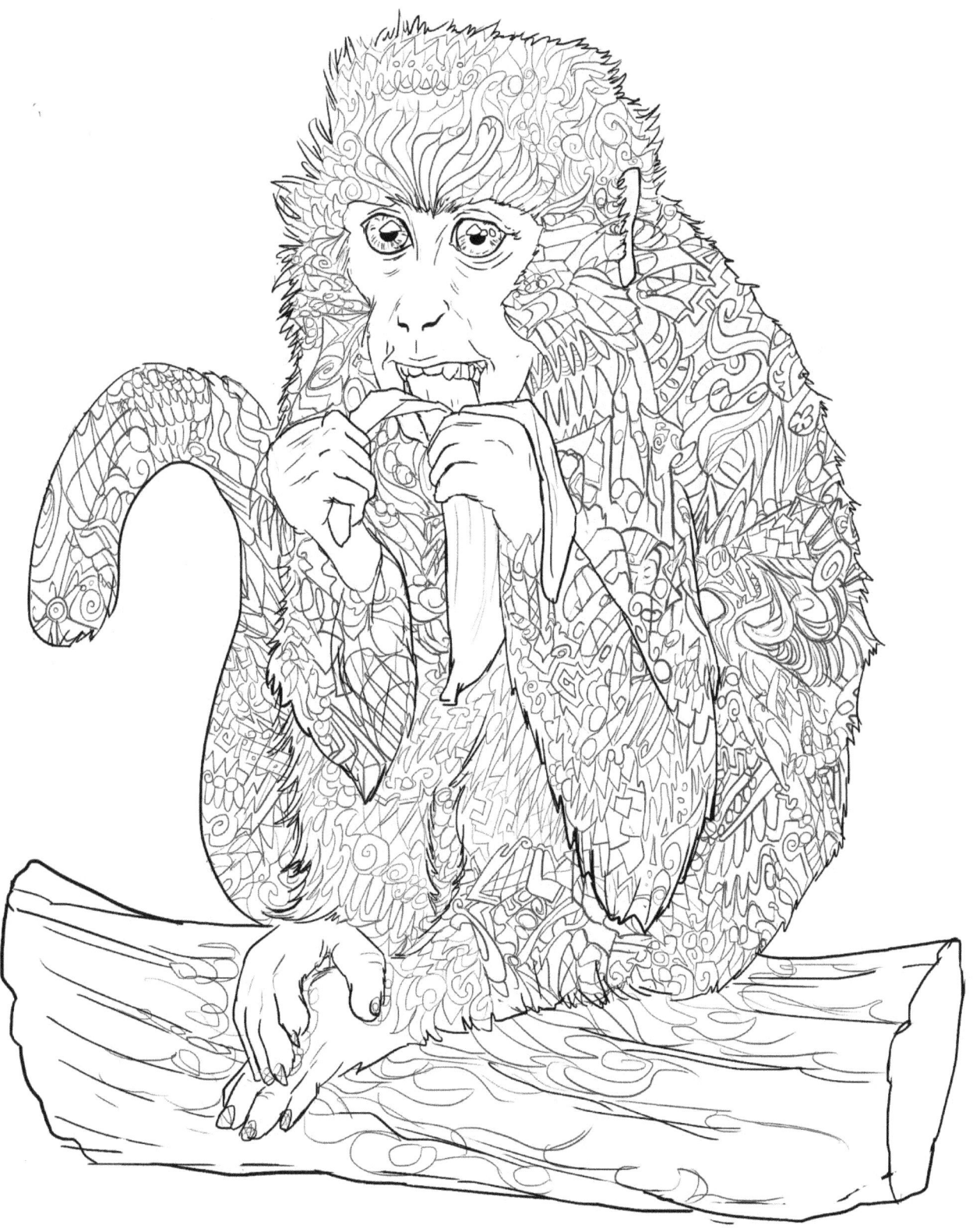

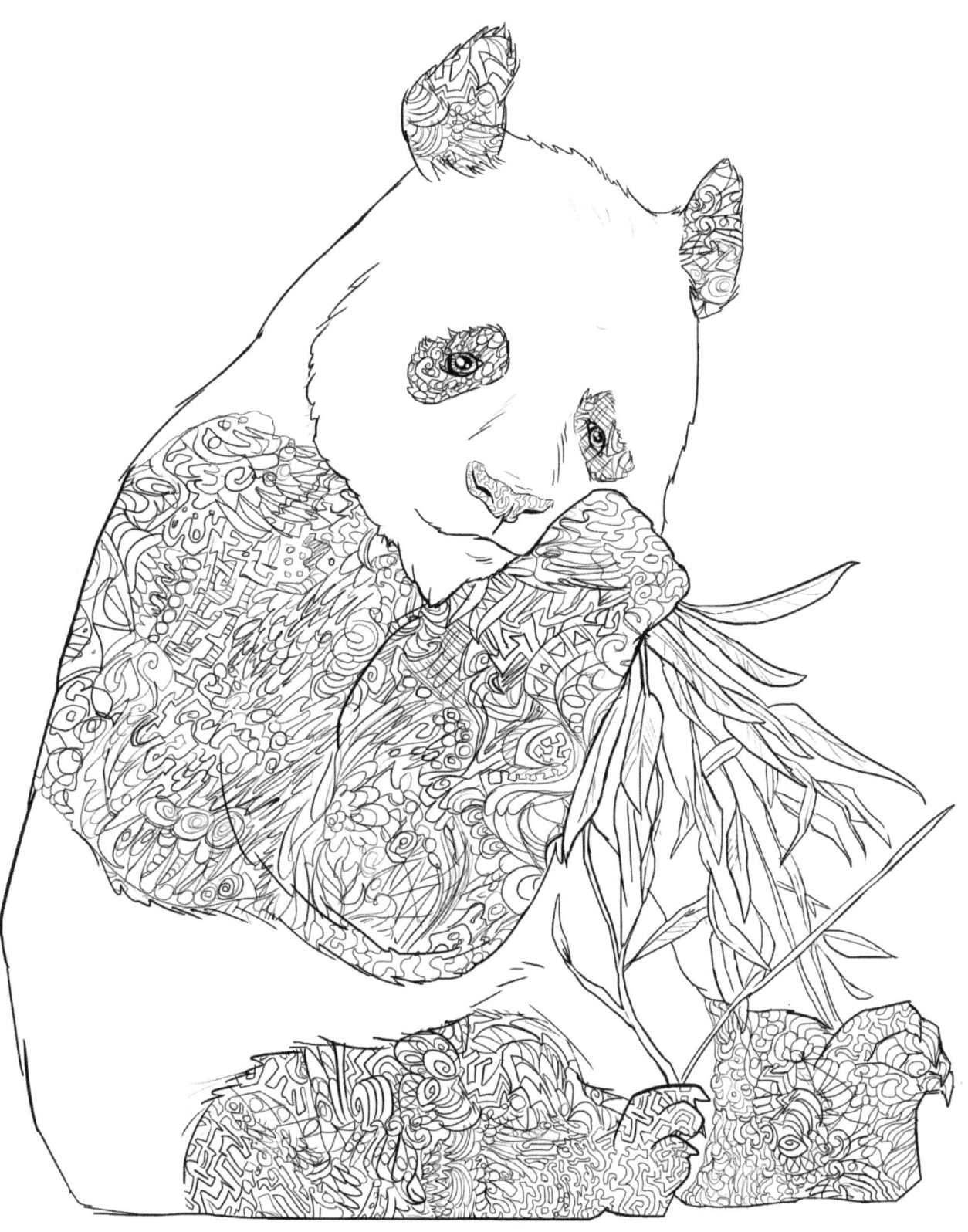

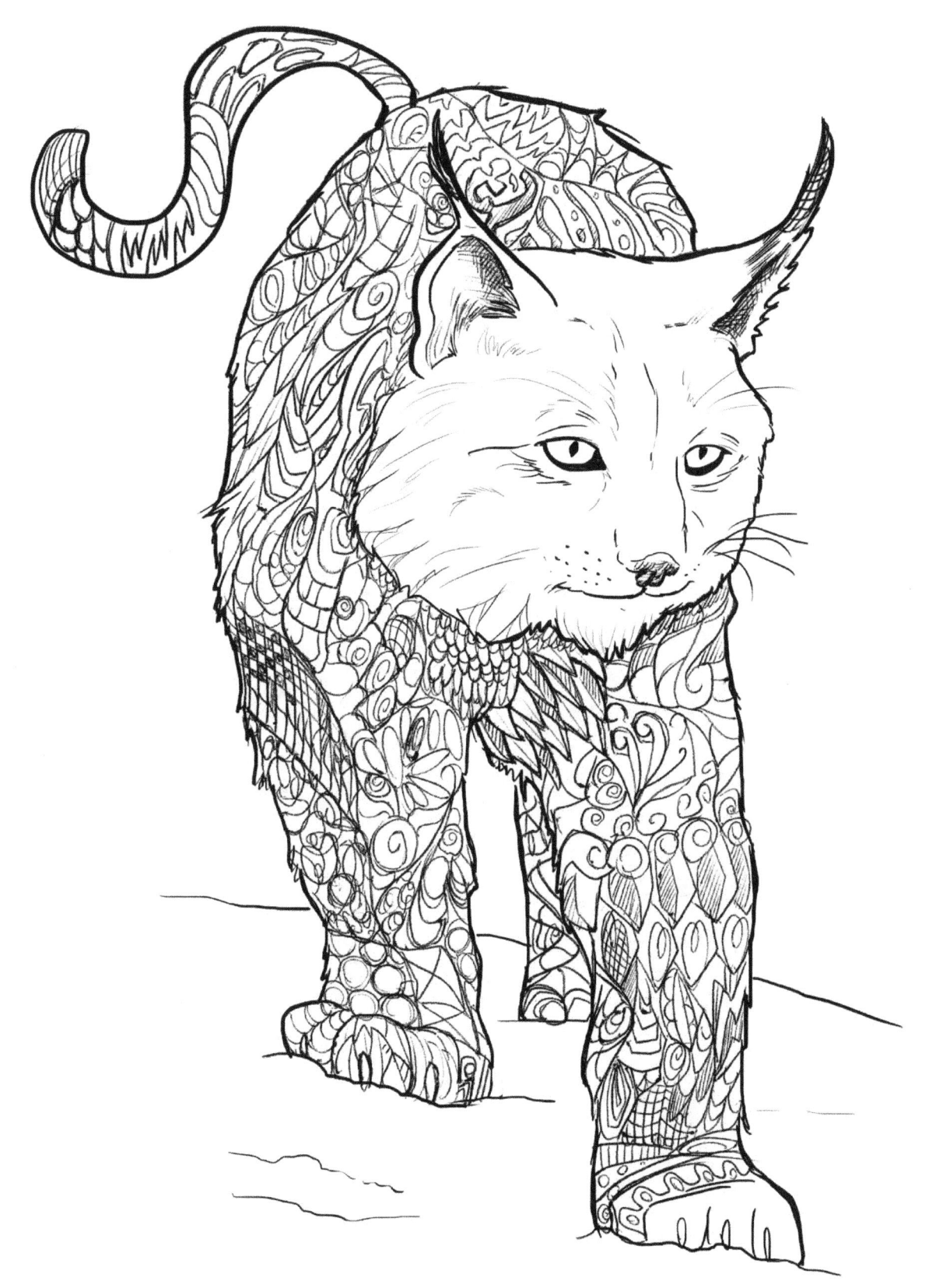

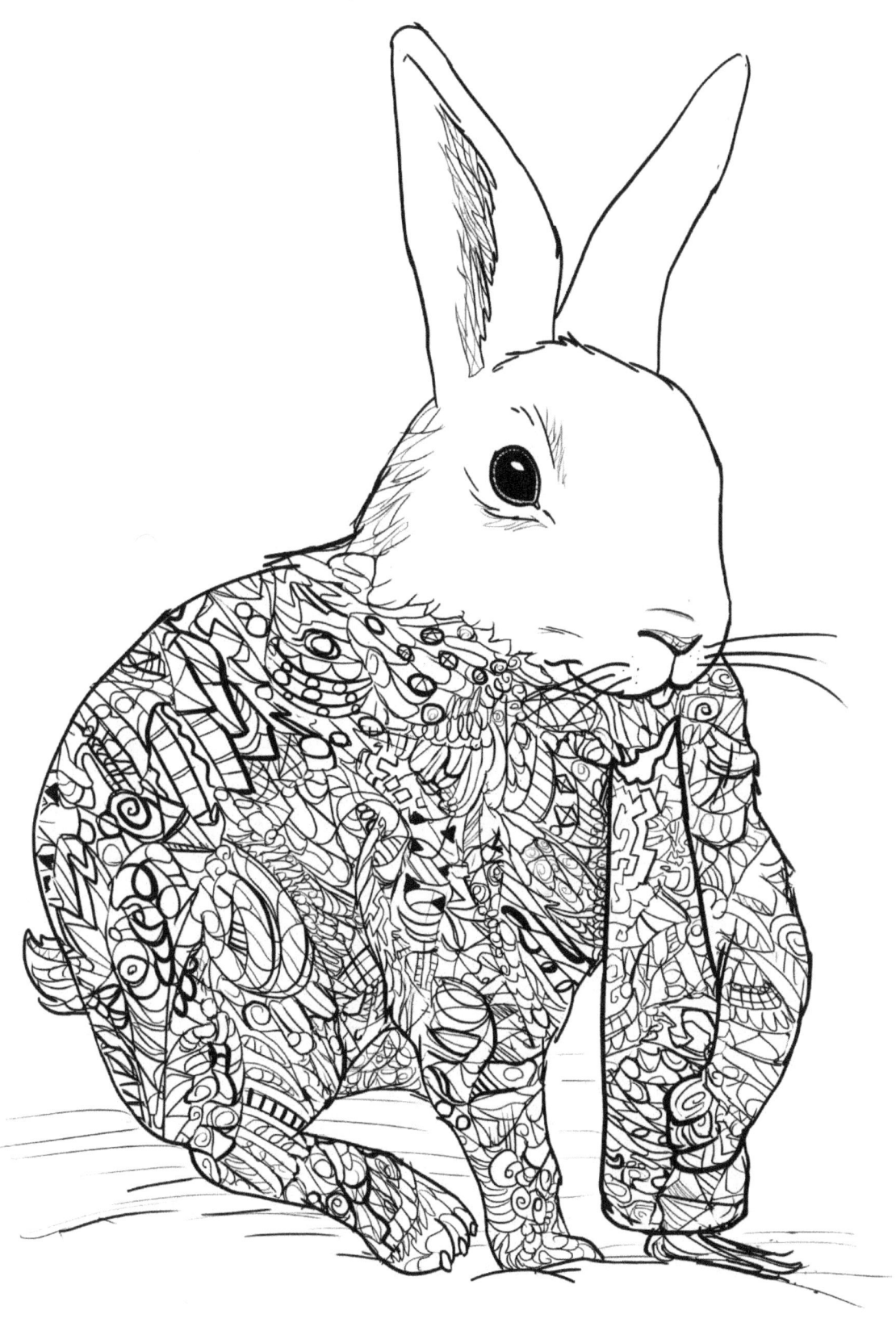

Messages Positifs Inspirants

Il est fortement recommandé de lire chaque message positif lentement et consciemment, ressentant la signification dans votre coeur et croyant que tout cela est vrai.

Vous êtes formidable.
Vous êtes fort.
Vous devez être encore plus joli quand vous souriez. Veuillez le faire encore plus souvent.
Vous avez des caractéristiques étonnantes en vous et les autres aimeraient les découvrir.
Vous avez vécu de nombreuses situations dans votre vie. Les bonnes vous ont rendu heureux. Les mauvaises vous ont rendu plus fort.
Vous aimez grandir et vous développer. Chaque jour est une nouvelle occasion d'apprendre quelque chose de nouveau.
Votre vie est remplie de choses incroyables. Souvenez-vous en et remerciez-les.
Vous êtes sur l'excellent chemin que vous avez choisi de suivre dans votre vie. Chaque étape était exactement là où elle devait être. Tout est parfait pour vous.
Vous paraissez bien, peu importe ce que vous faites.
Tout le monde veut secrètement être vous.

Comment savons-nous que ces messages positifis s'appliquent à vous? Nous ne pouvons le garantir à 100%. Mais, nous sommes sûrs à 99,9% qu'ils s'appliquent à vous. S'ils ne l'étaient pas, vous n'auriez pas acheté ce livre et vous n'auriez pas lu ces messages positifs. Appelez cela le destin. Vous étiez censé recevoir ces messages positifs. Et notre tâche était simplement de vous les rappeler. Rien de plus et rien de moins.

Nous vous aimons!

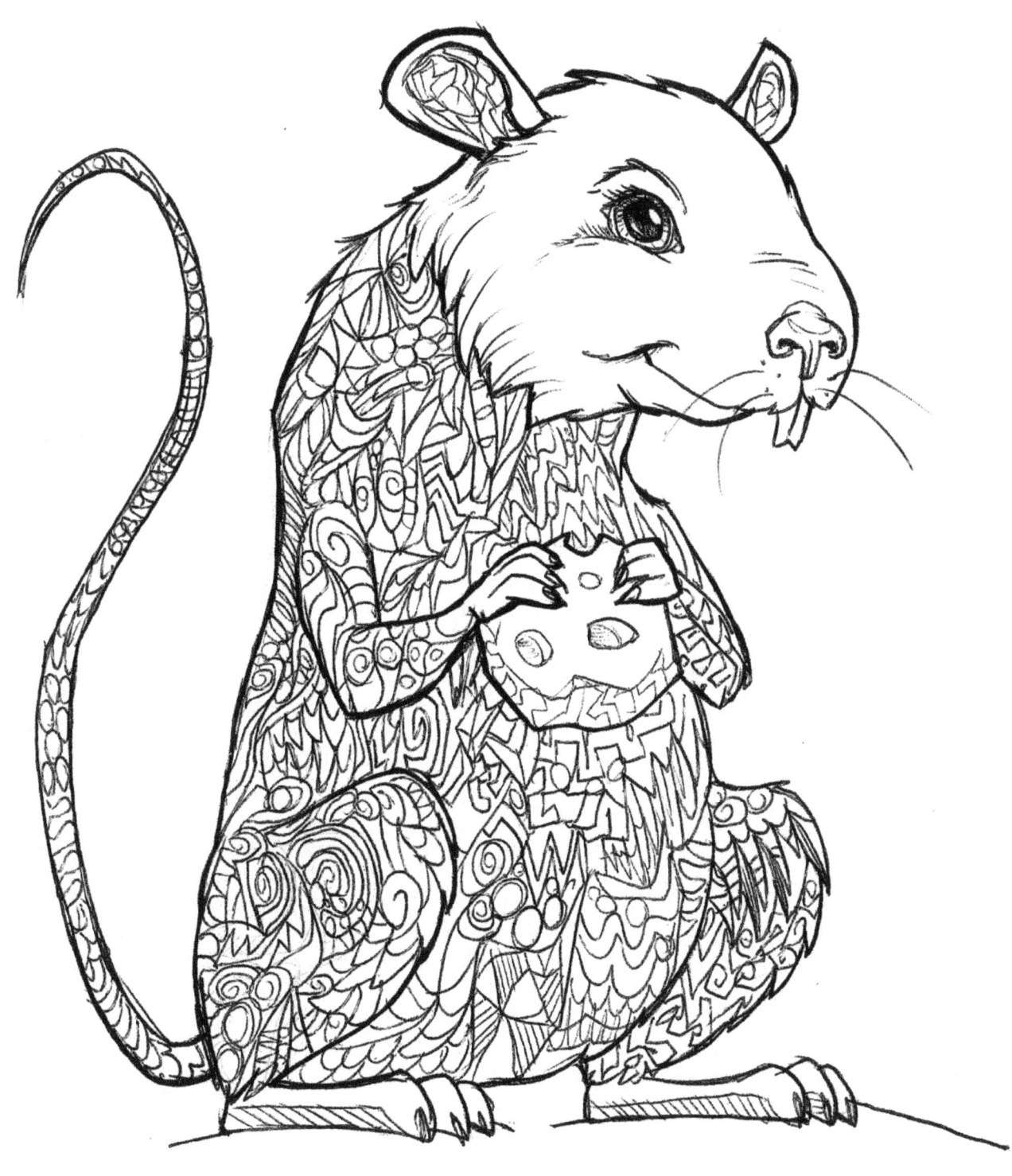

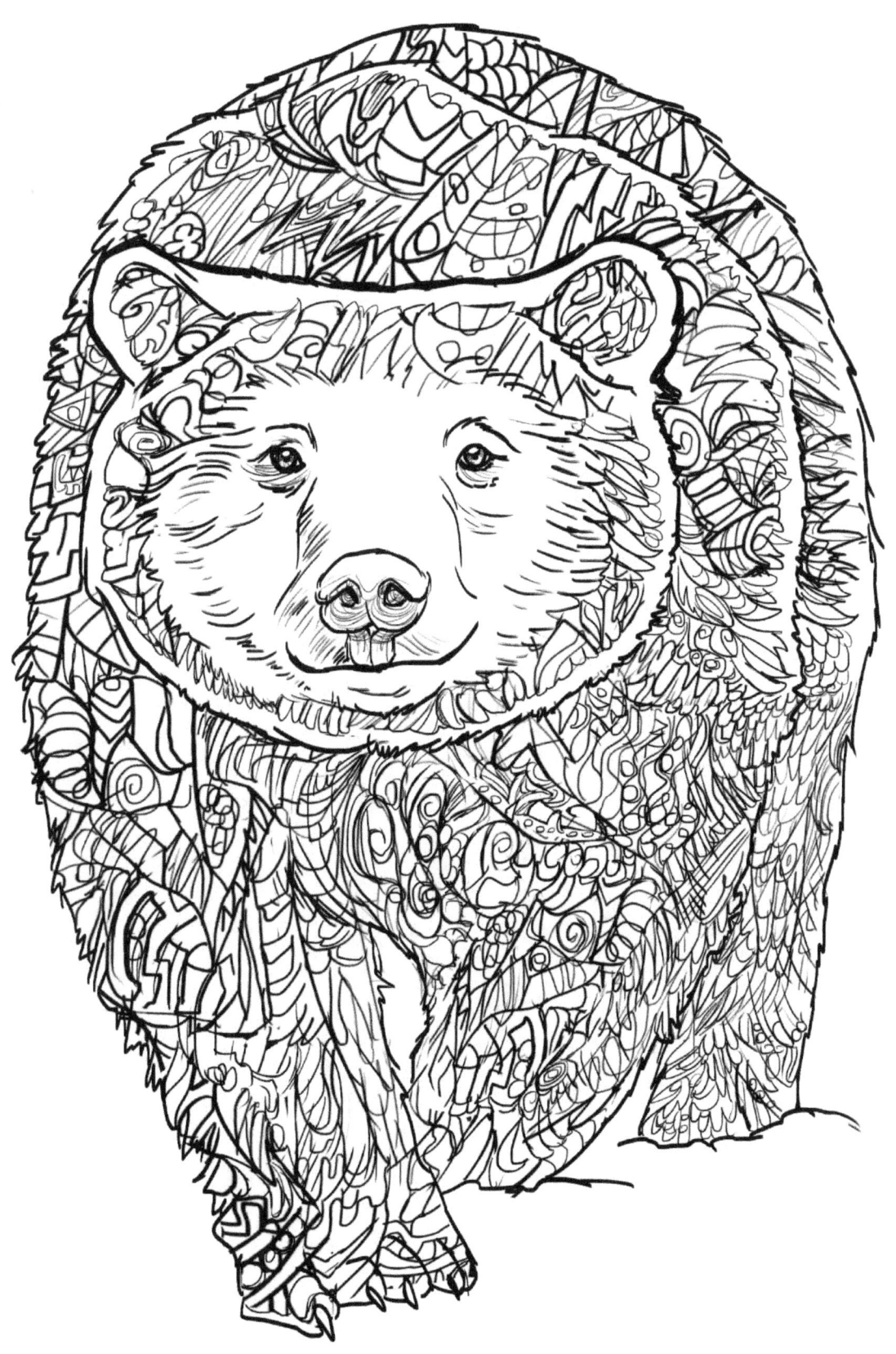

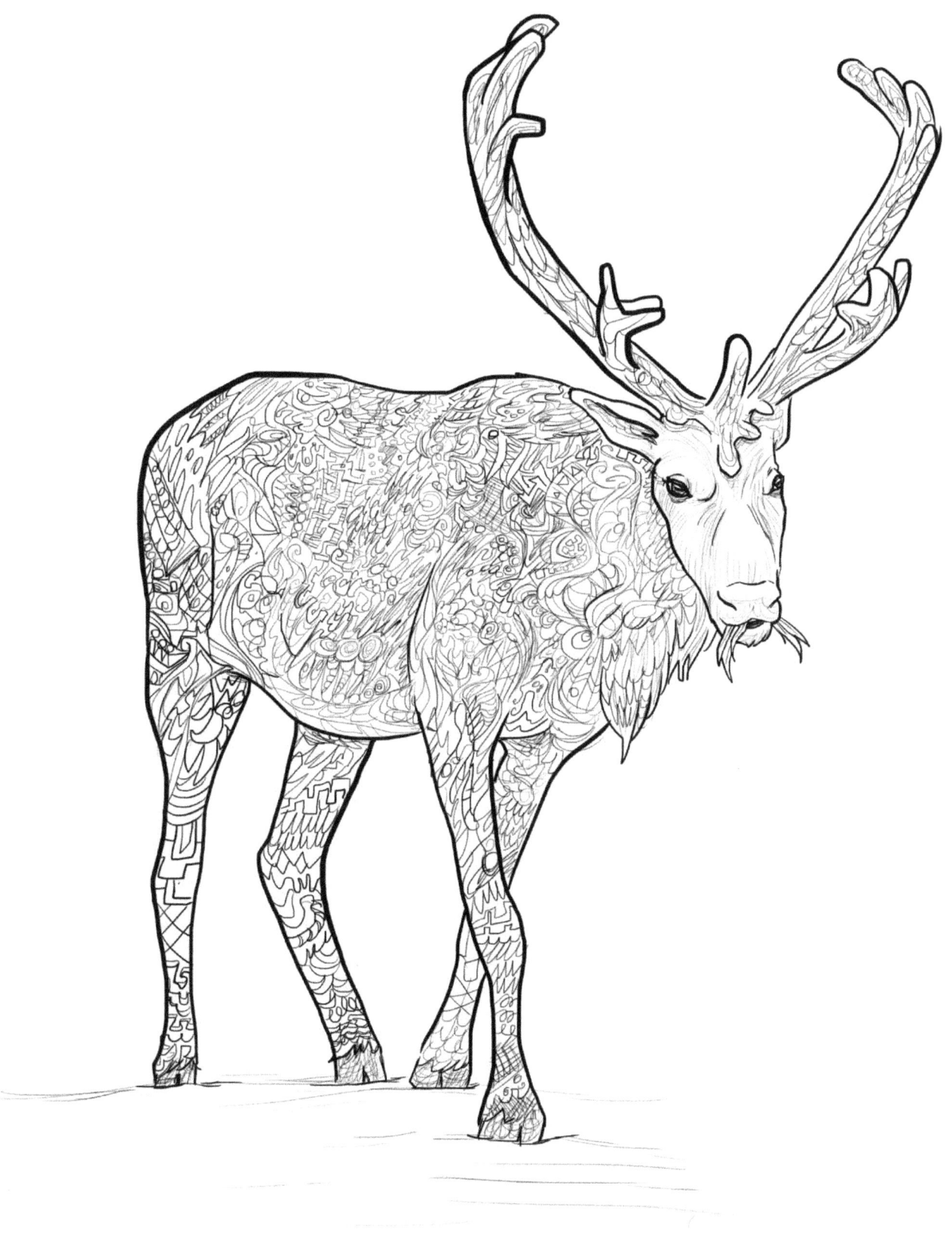

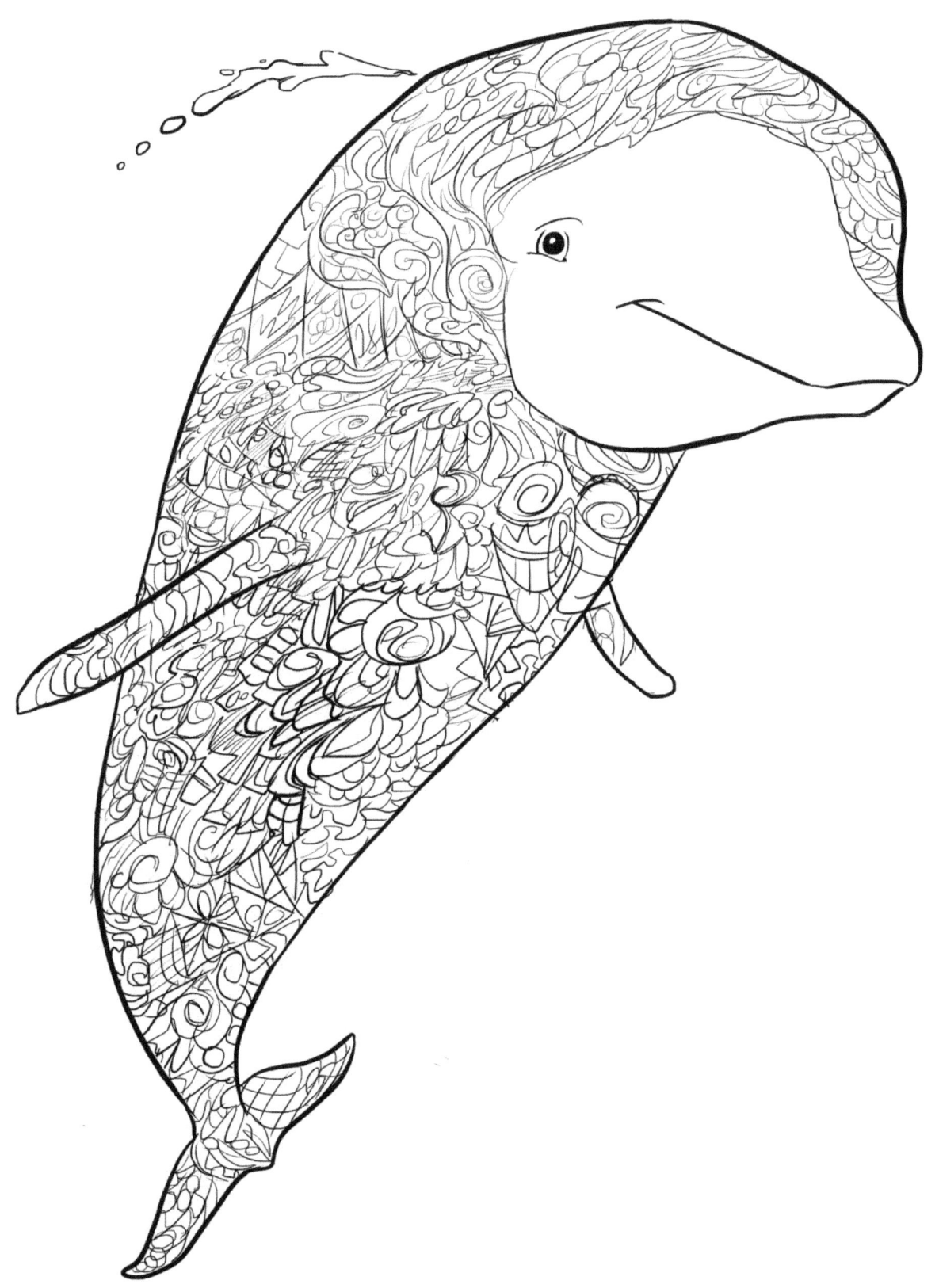

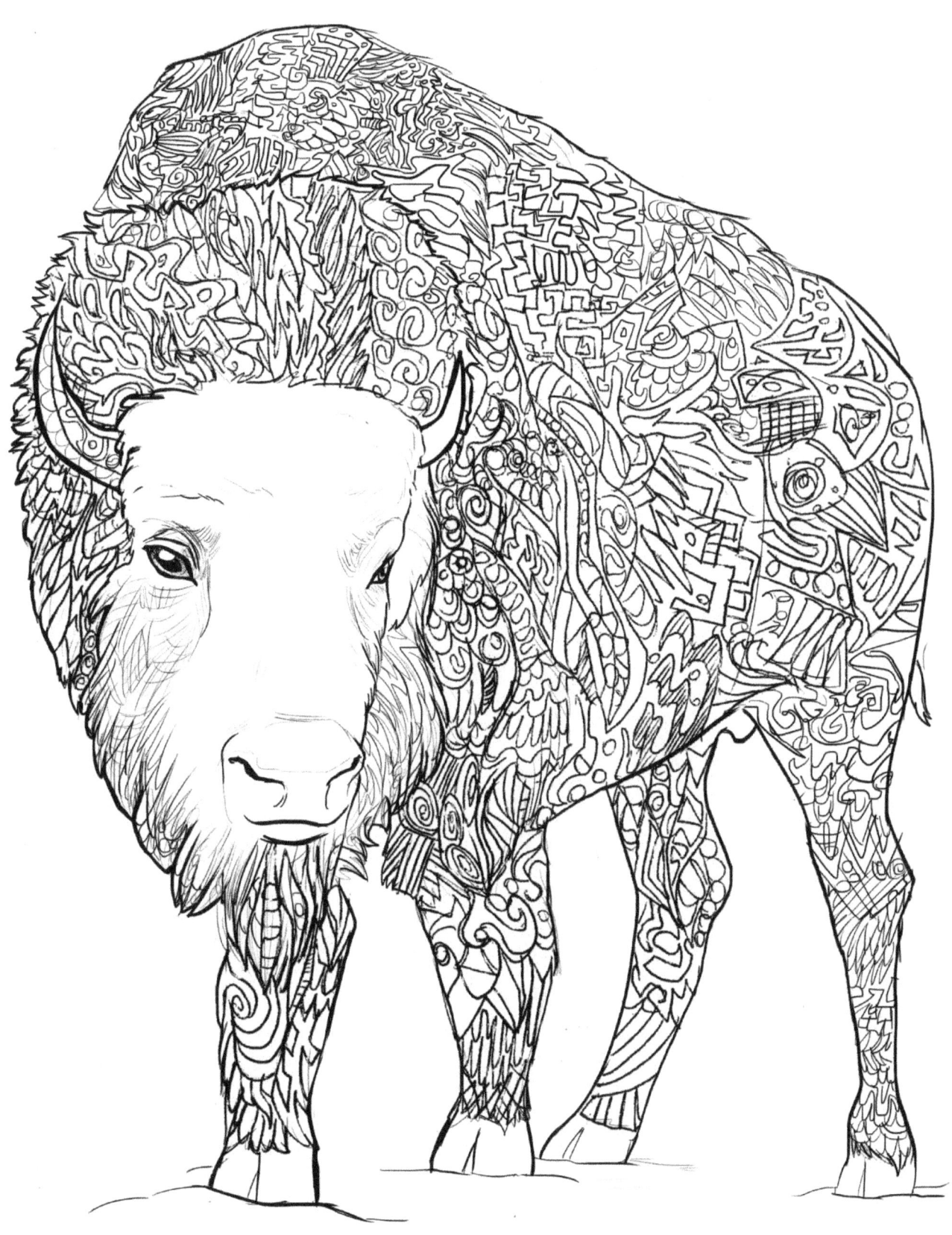

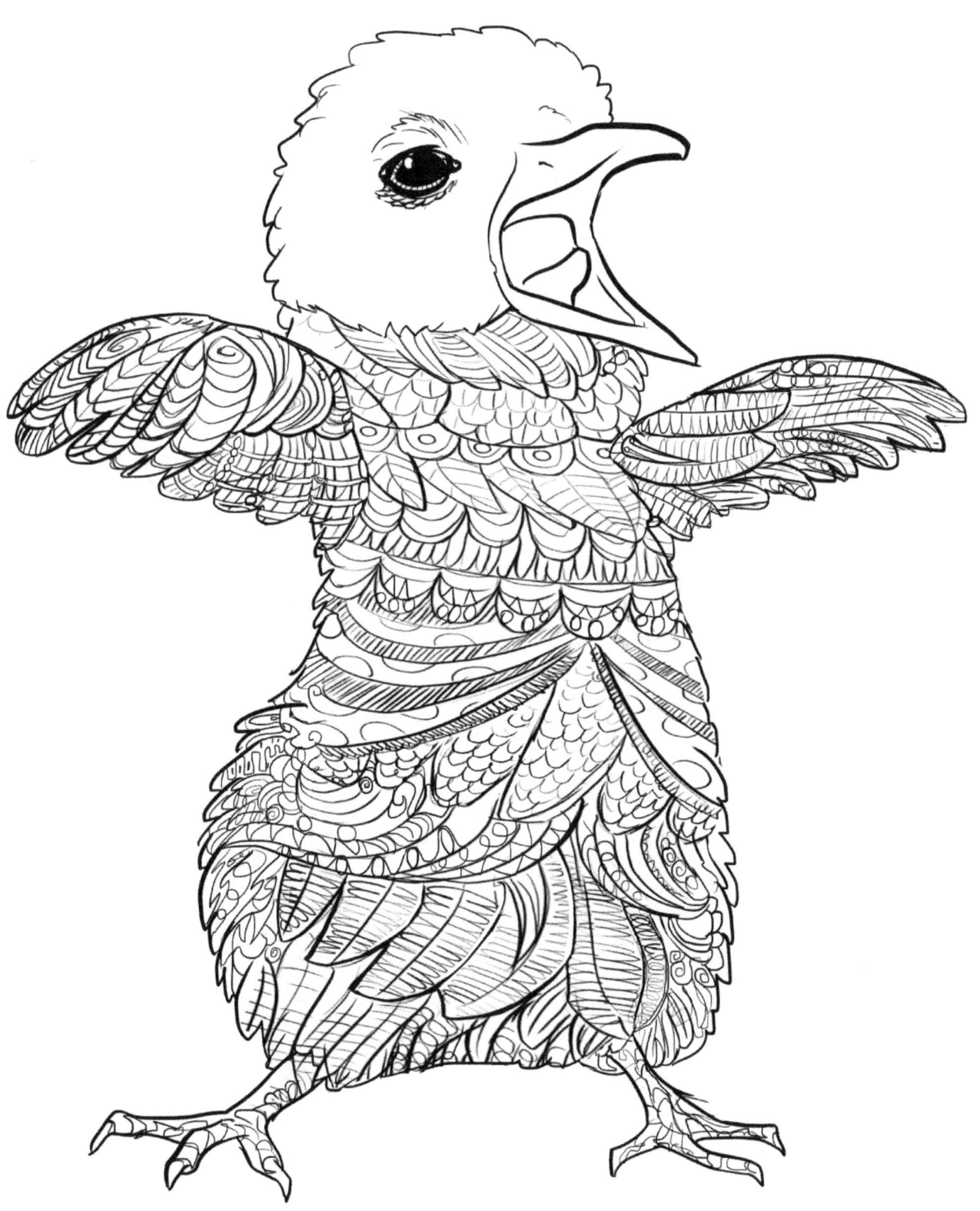

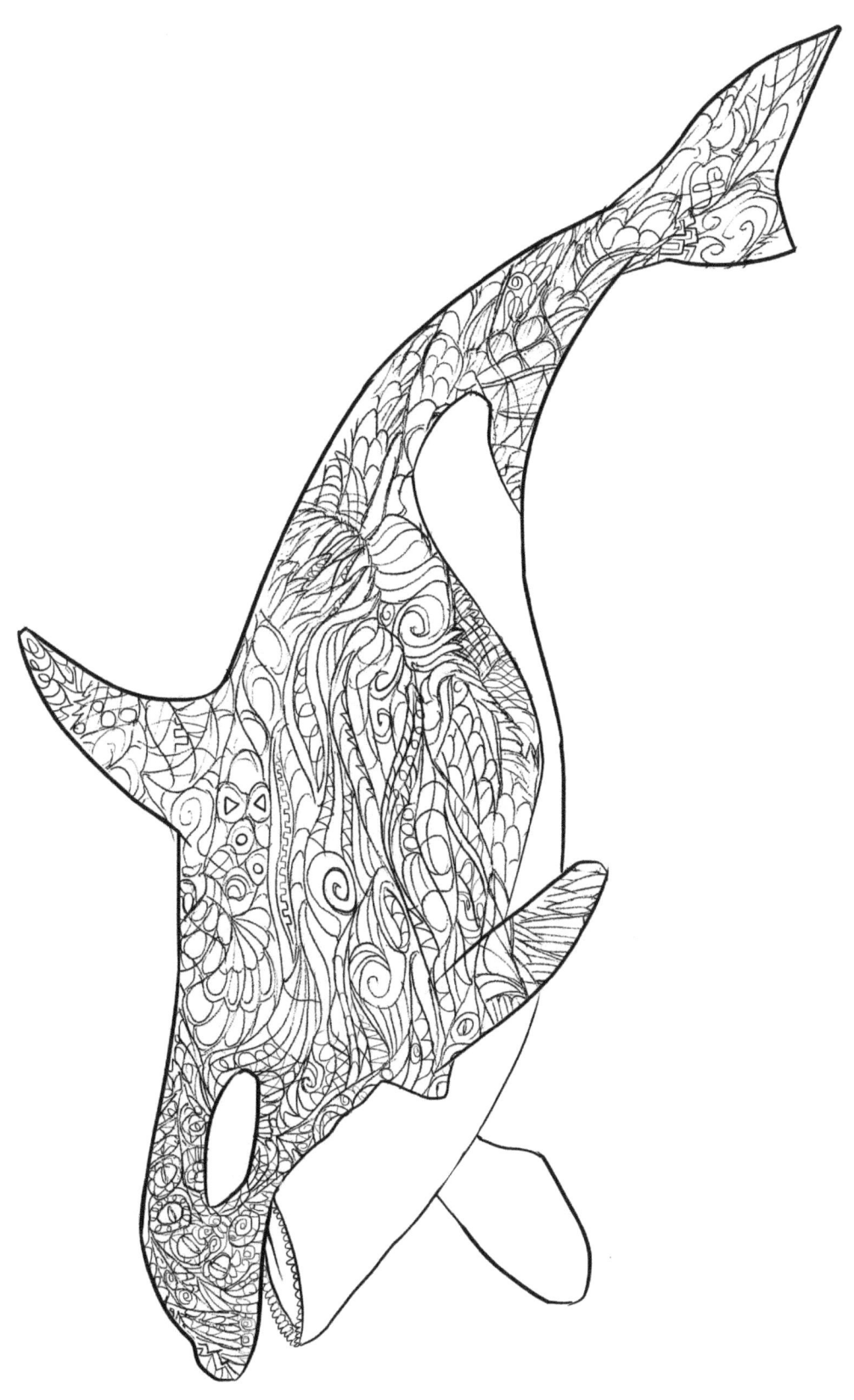

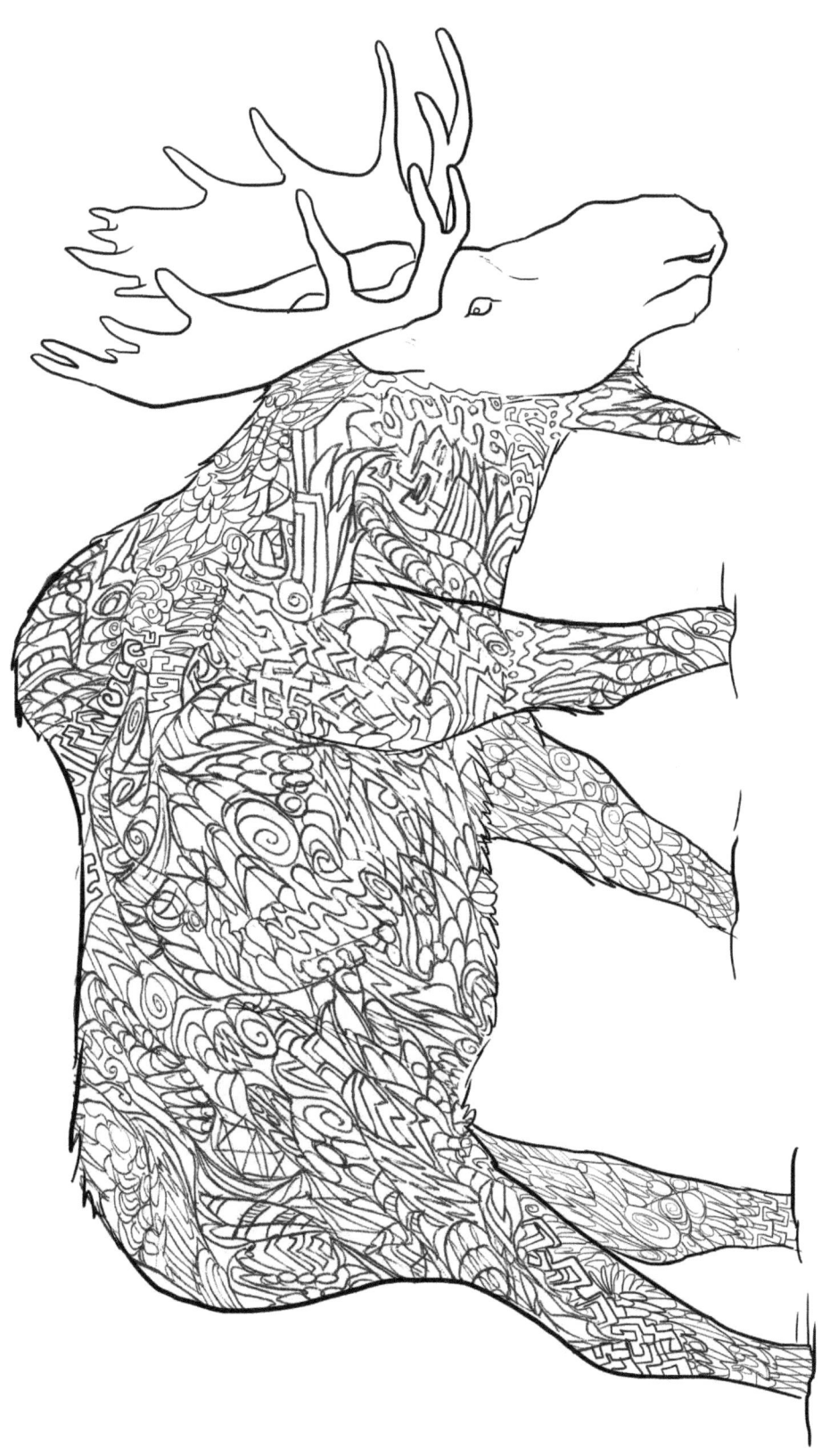

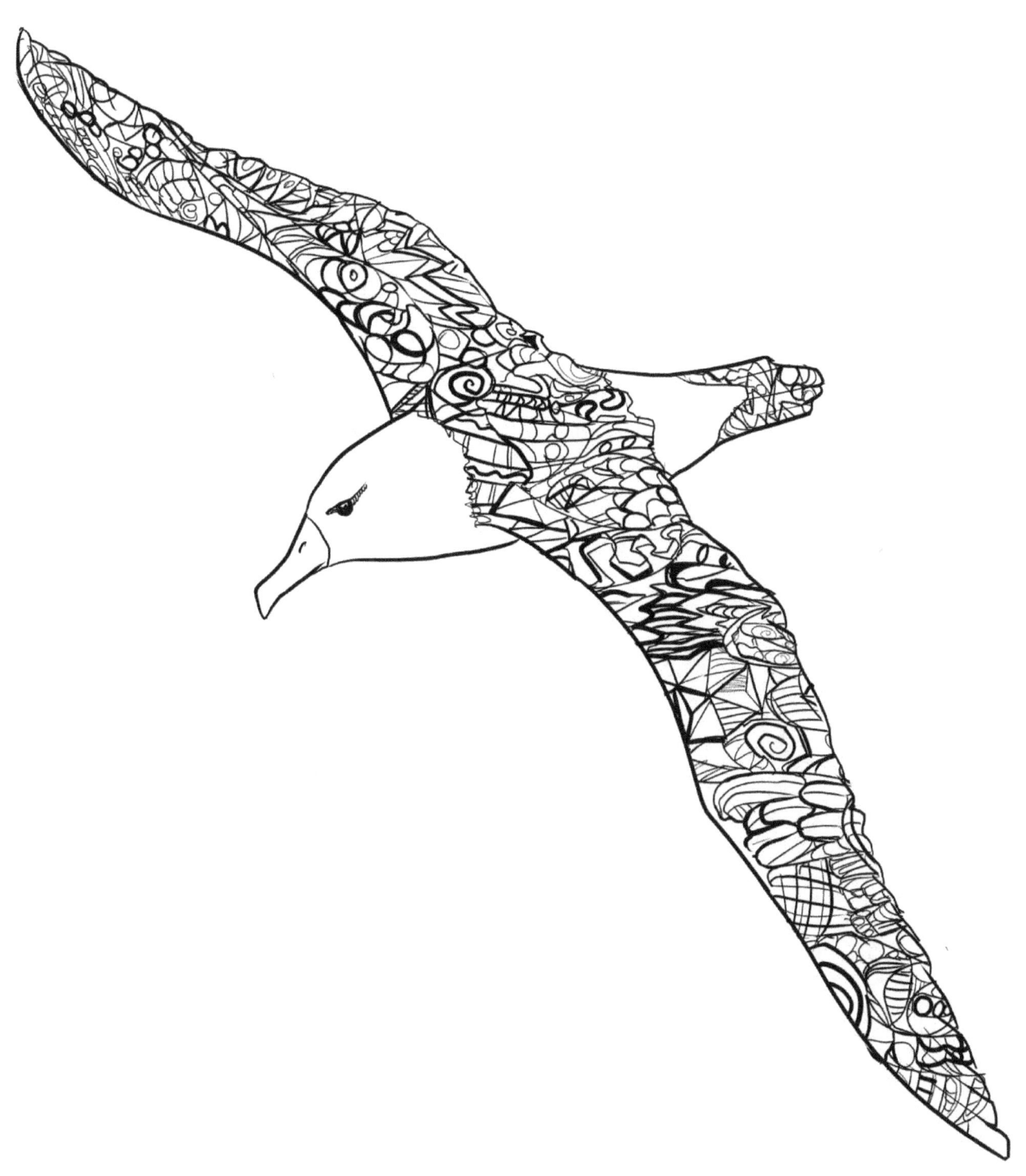

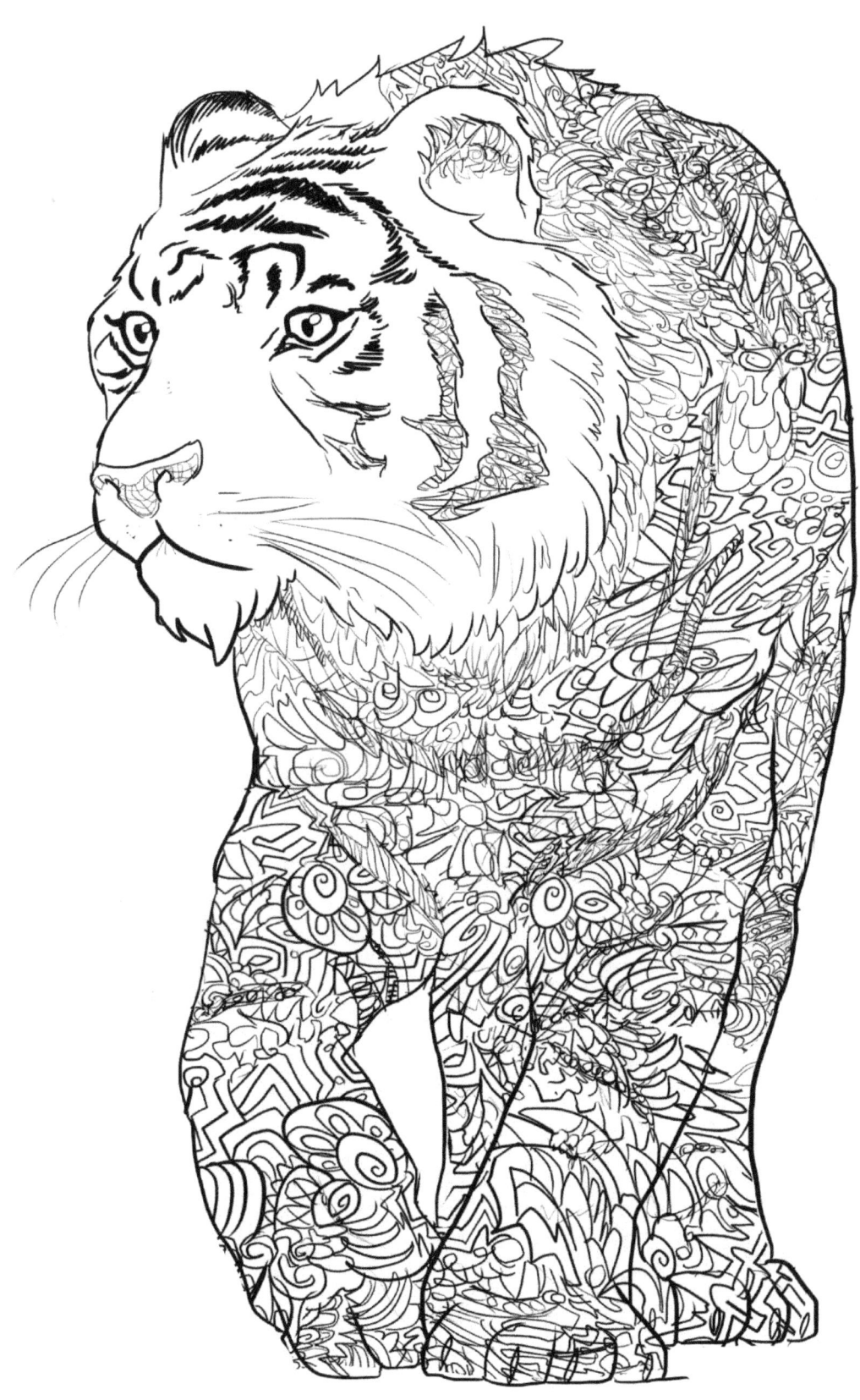

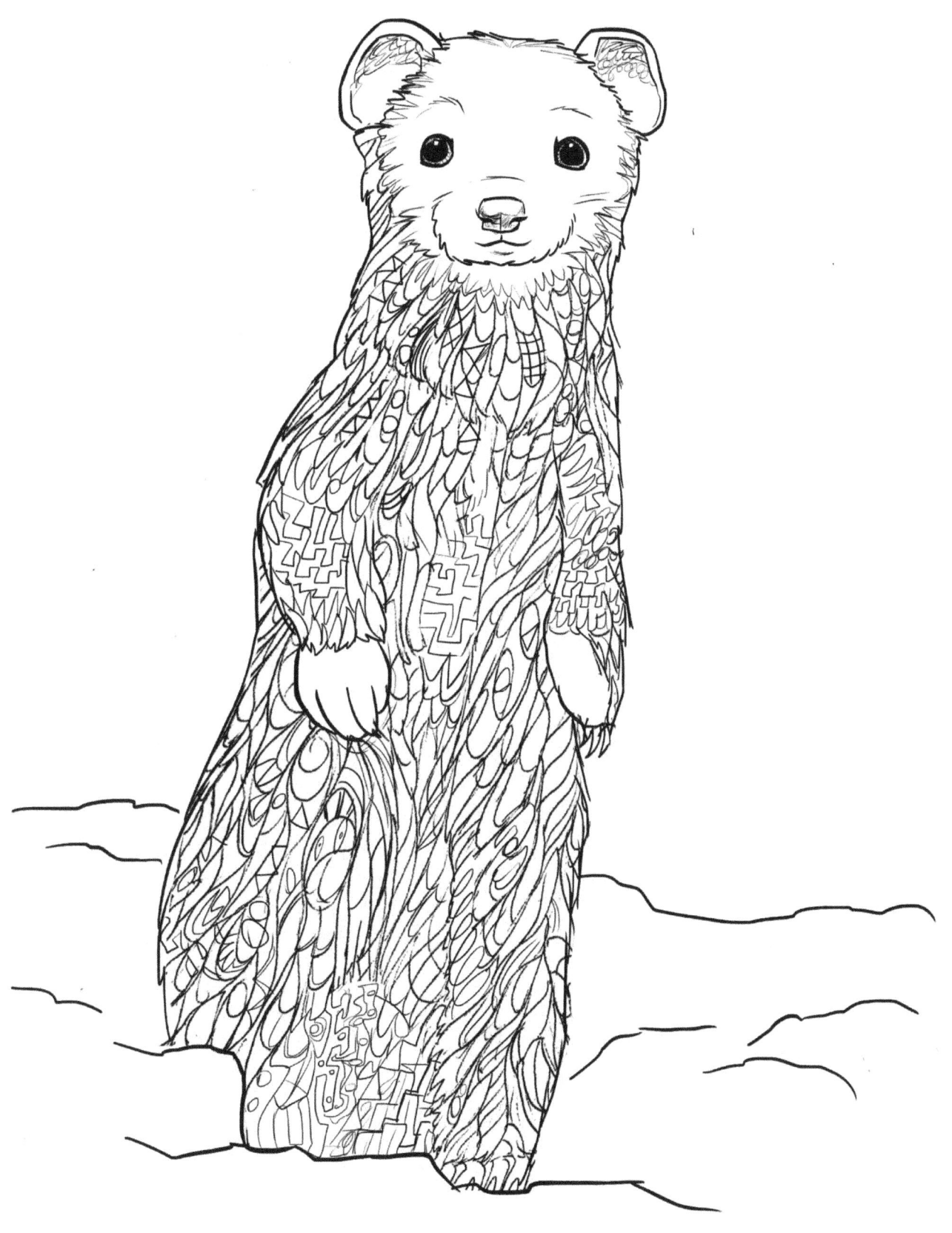

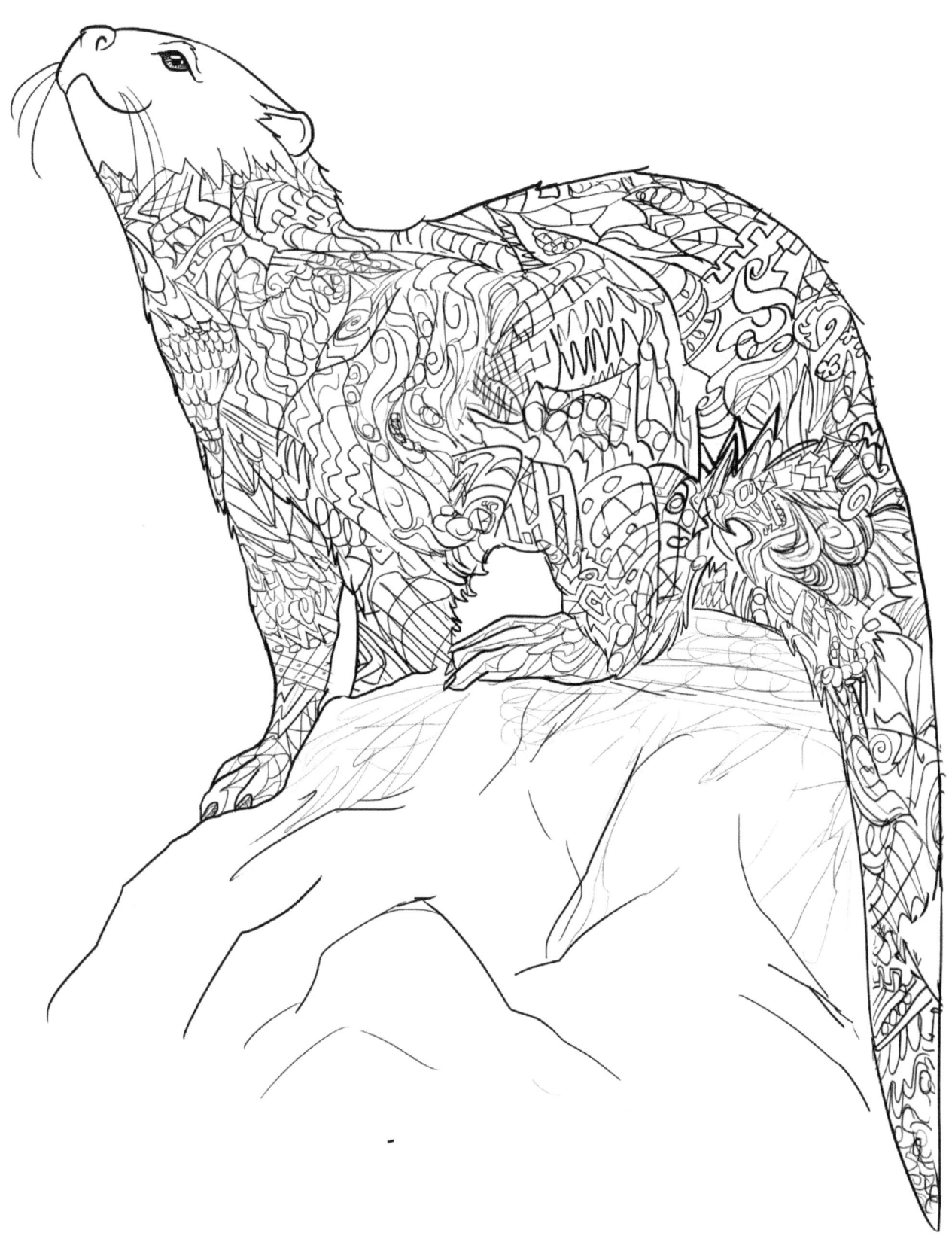

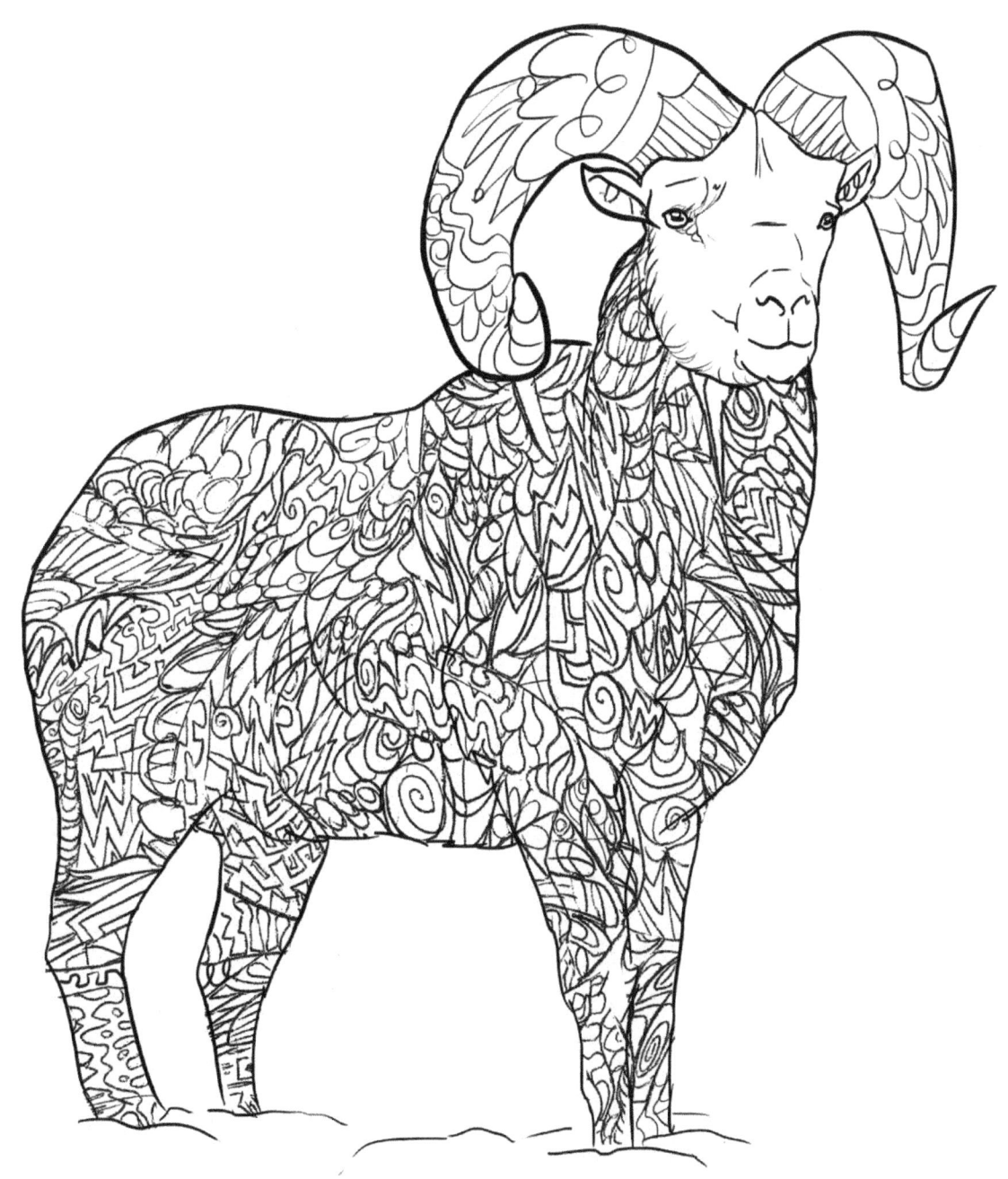

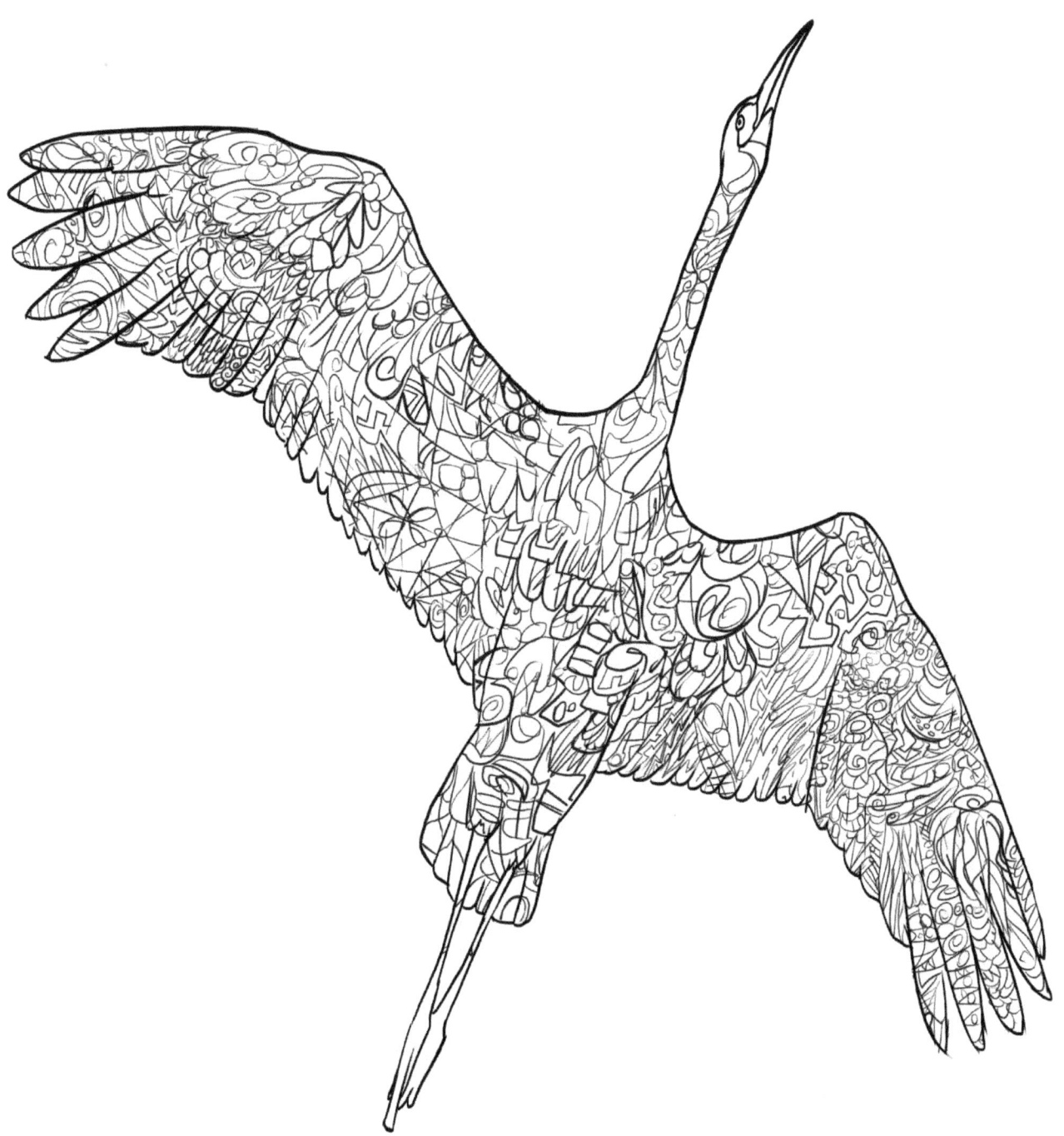

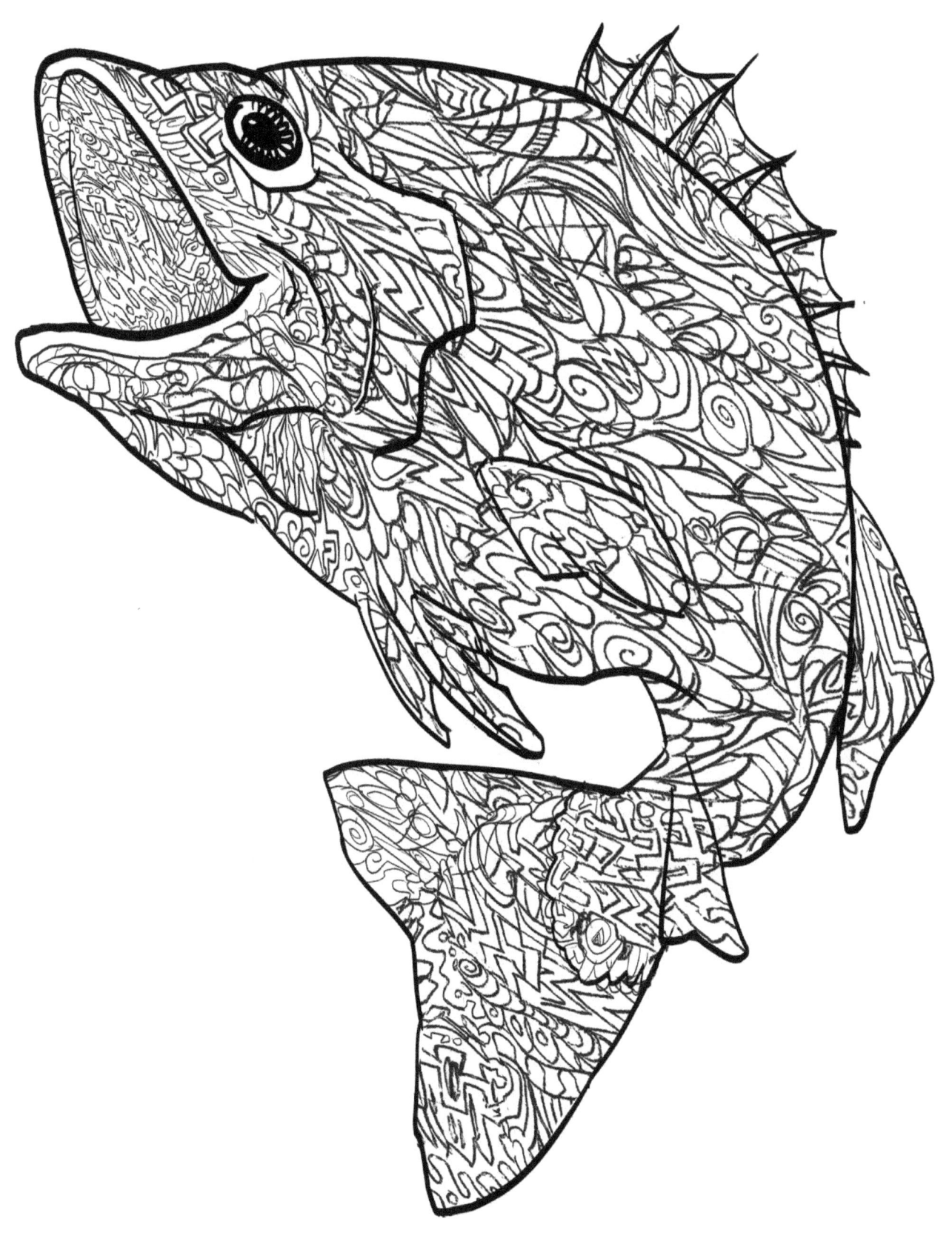

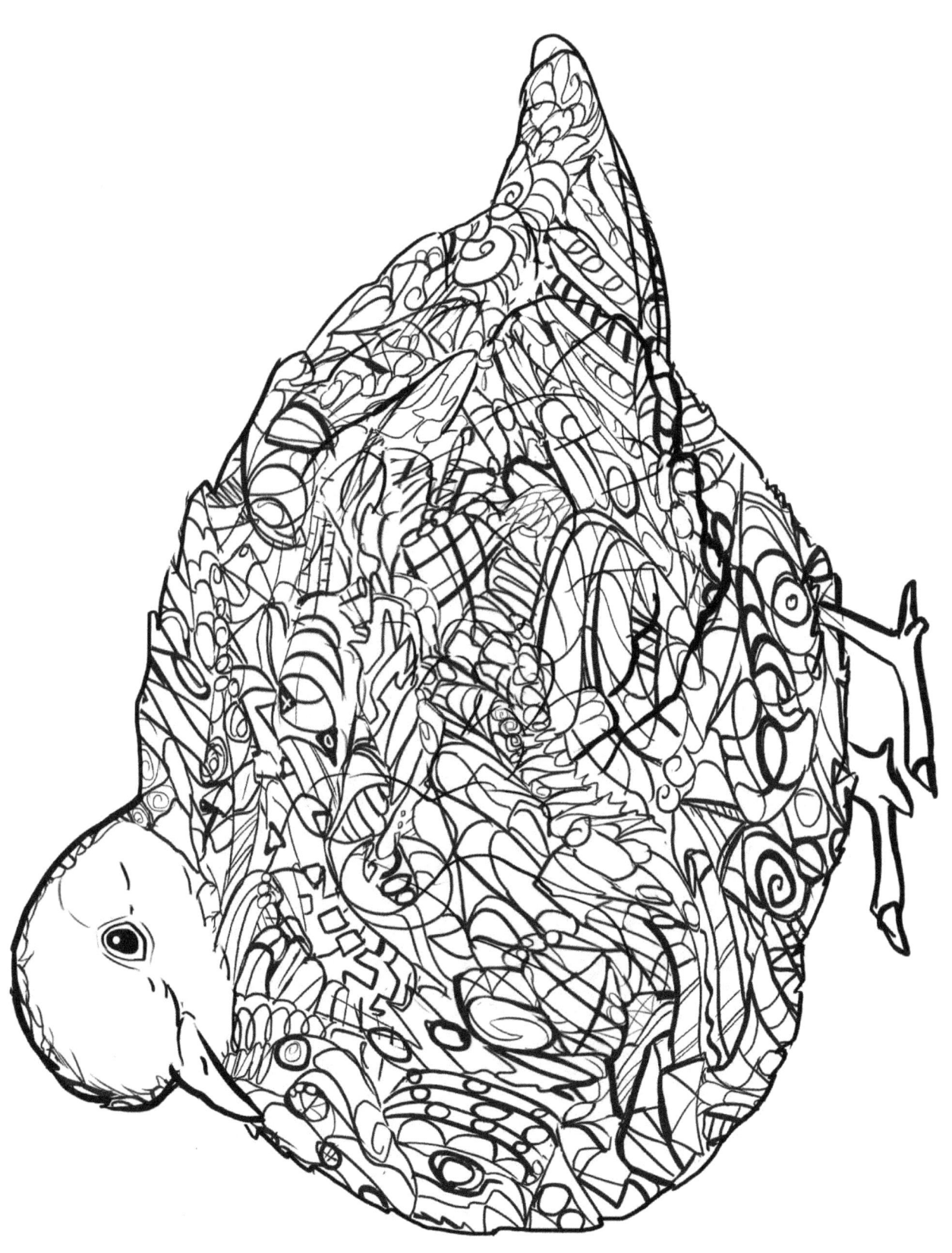

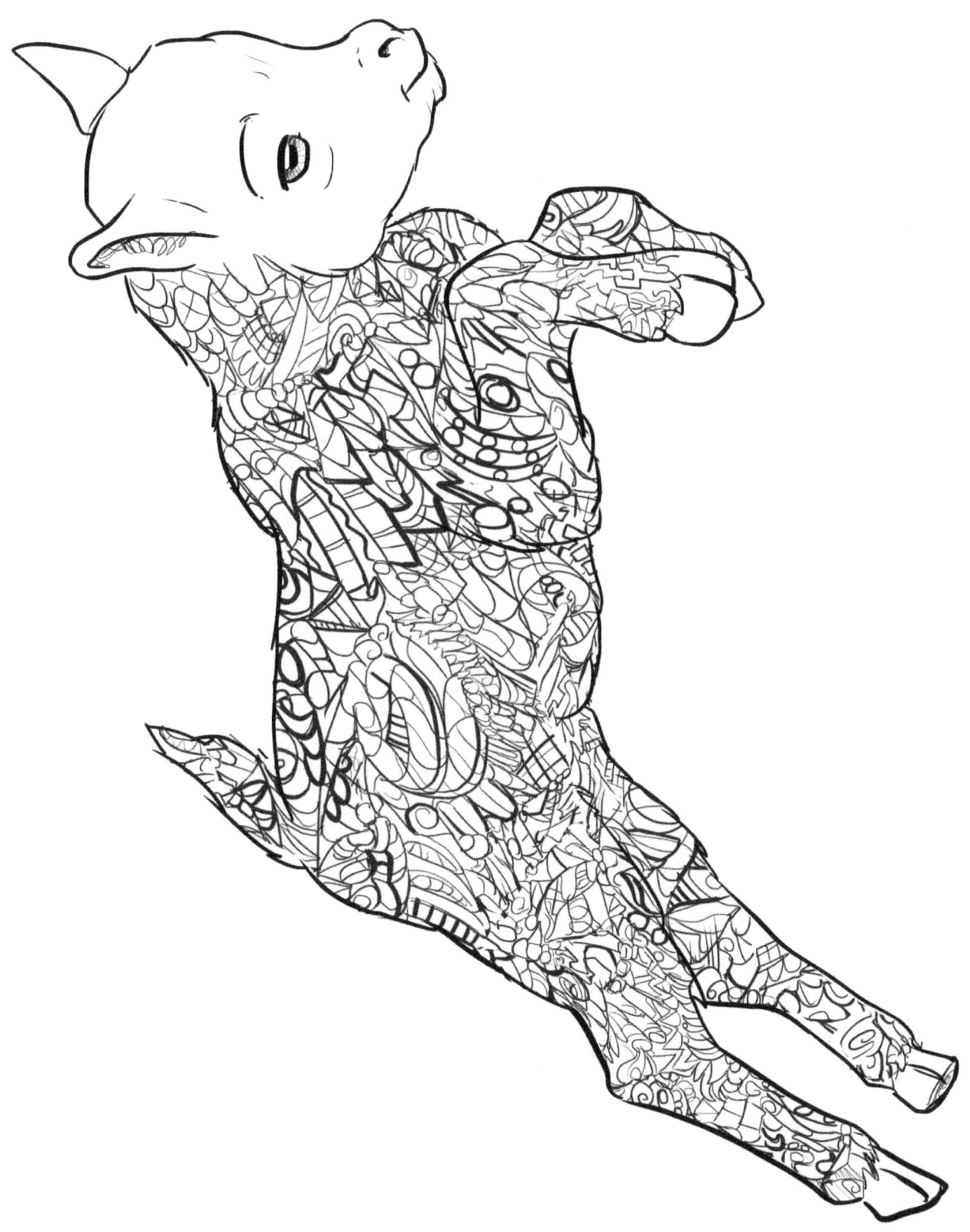

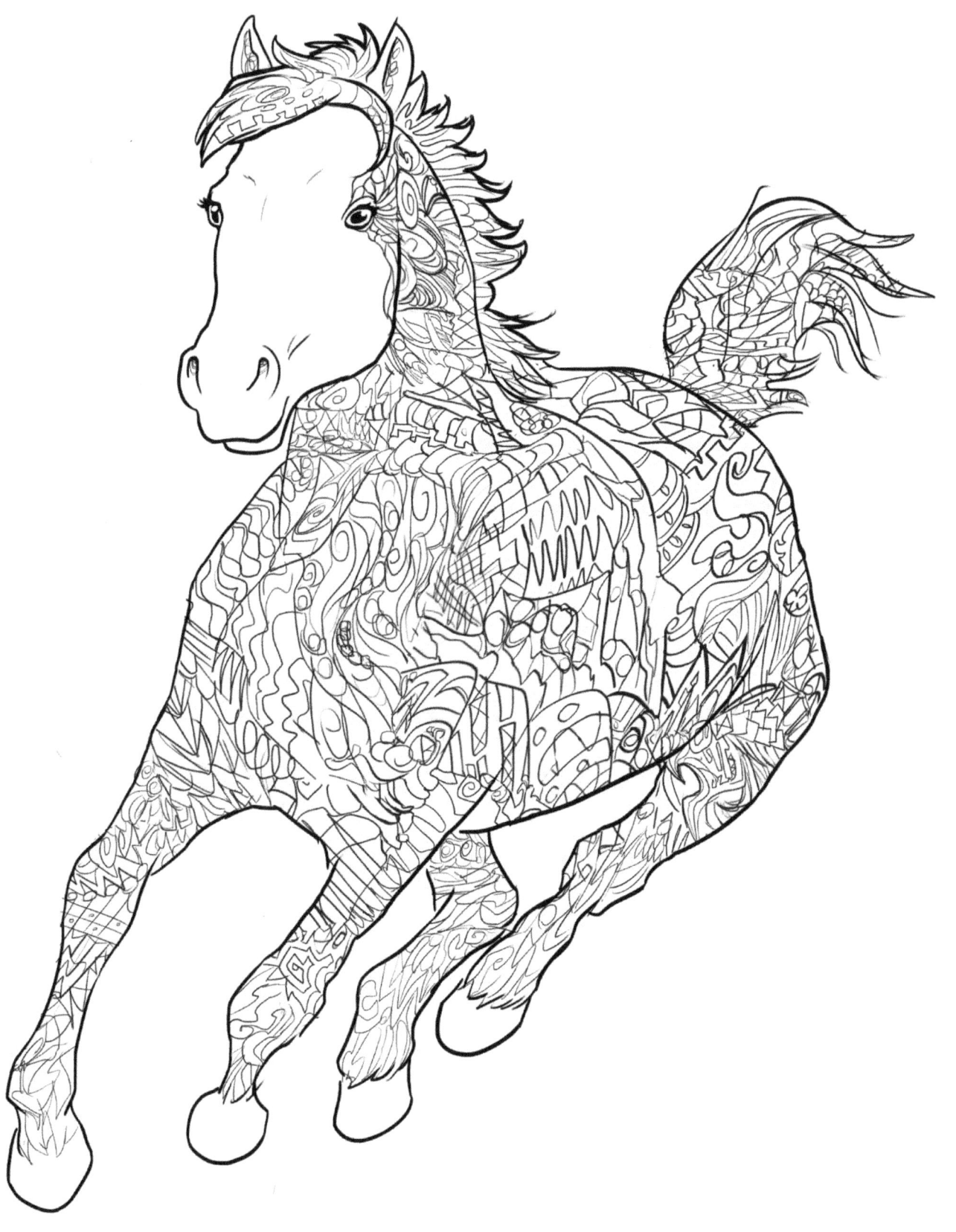

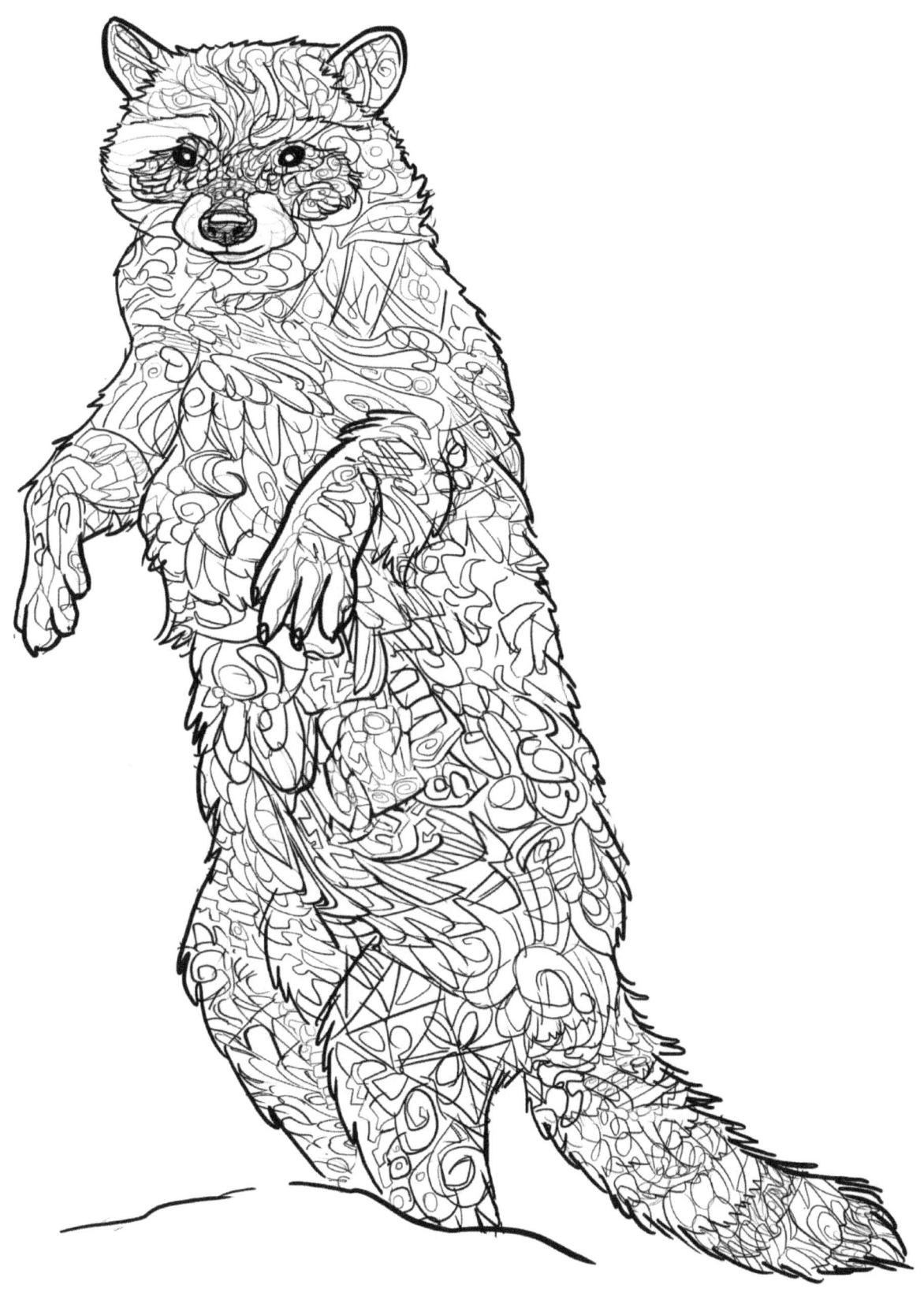

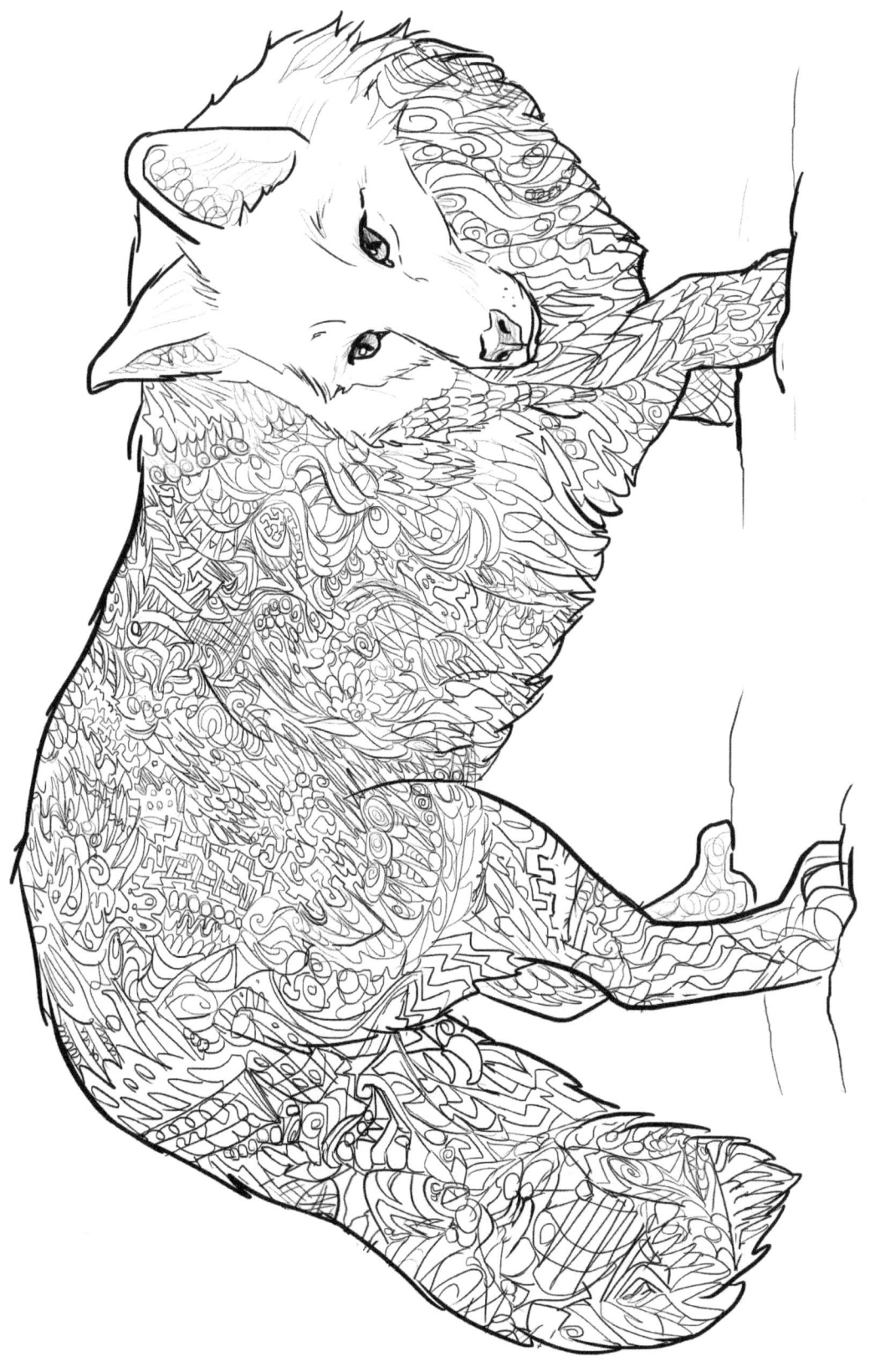

MOMENT D'UNE IMAGE SUPPLÉMENTAIRE

Afin de garantir la satisfaction de nos clients, ni les dépenses ou les efforts n'ont pu être évités. Nous avons donc décidé d'inclure 6 images supplémentaires, une pour chacun de nos 6 autres livres. Le style des dessins peut être un peu différent de celui que vous avez peut-être déjà colorié dans ce livre. Cela garantit la variété et stimulera votre créativité encore davantage. Pour plus d'informations sur nos autres livres, veuillez voir la dernière page de ce livre. Nous espérons vraiment que vous les aimerez et que vous aurez bien du plaisir à les colorer.

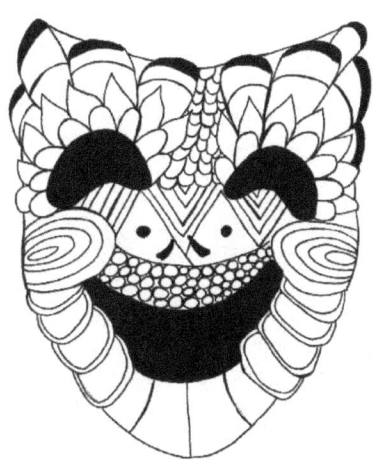

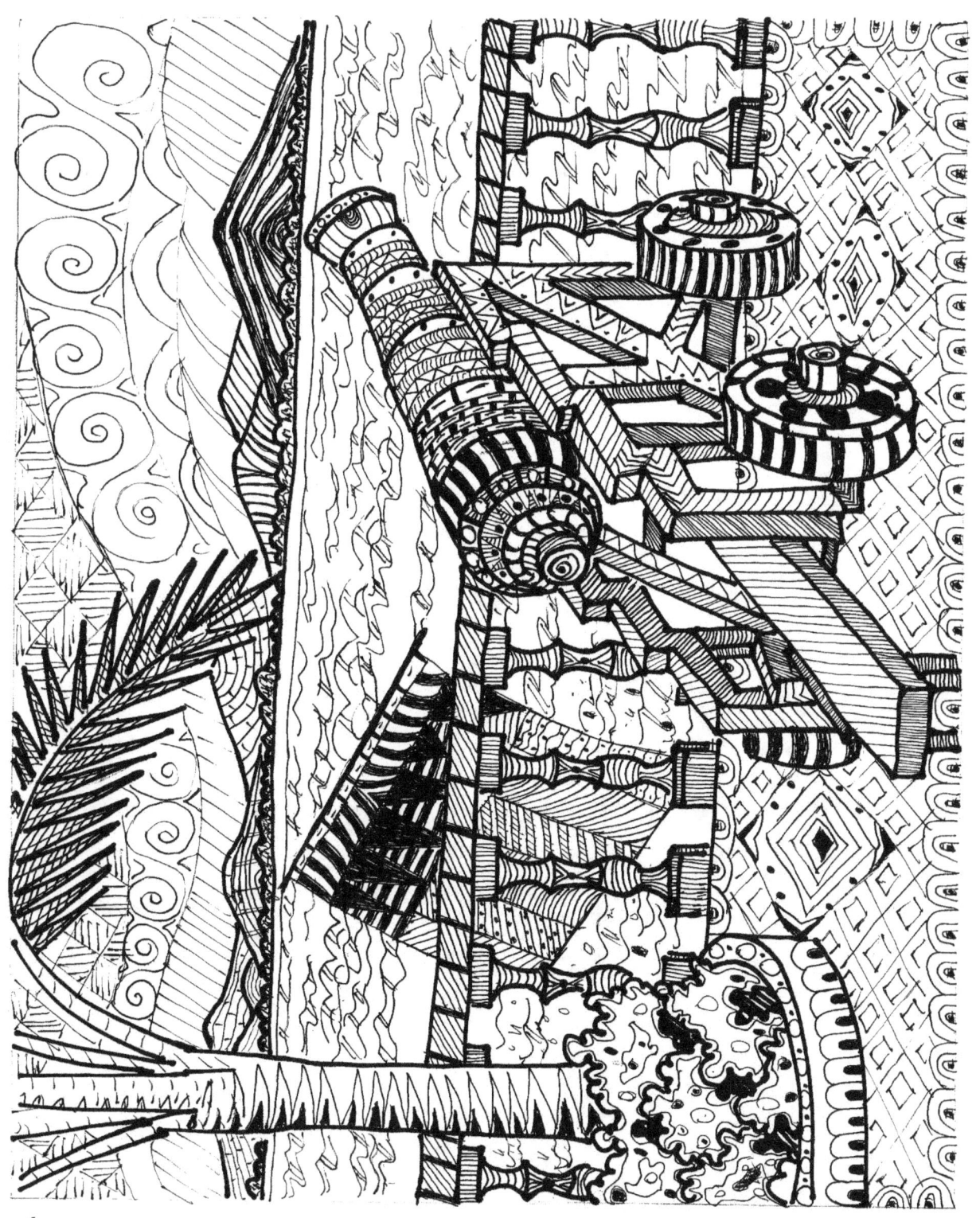

THÉRAPIE DE RELAXATION IMPRESSIONNANTE AUX PHILIPPINES – UN VOYAGE MAGIQUE ET CONSCIENT DE L'AVENTURE DE GUÉRISON

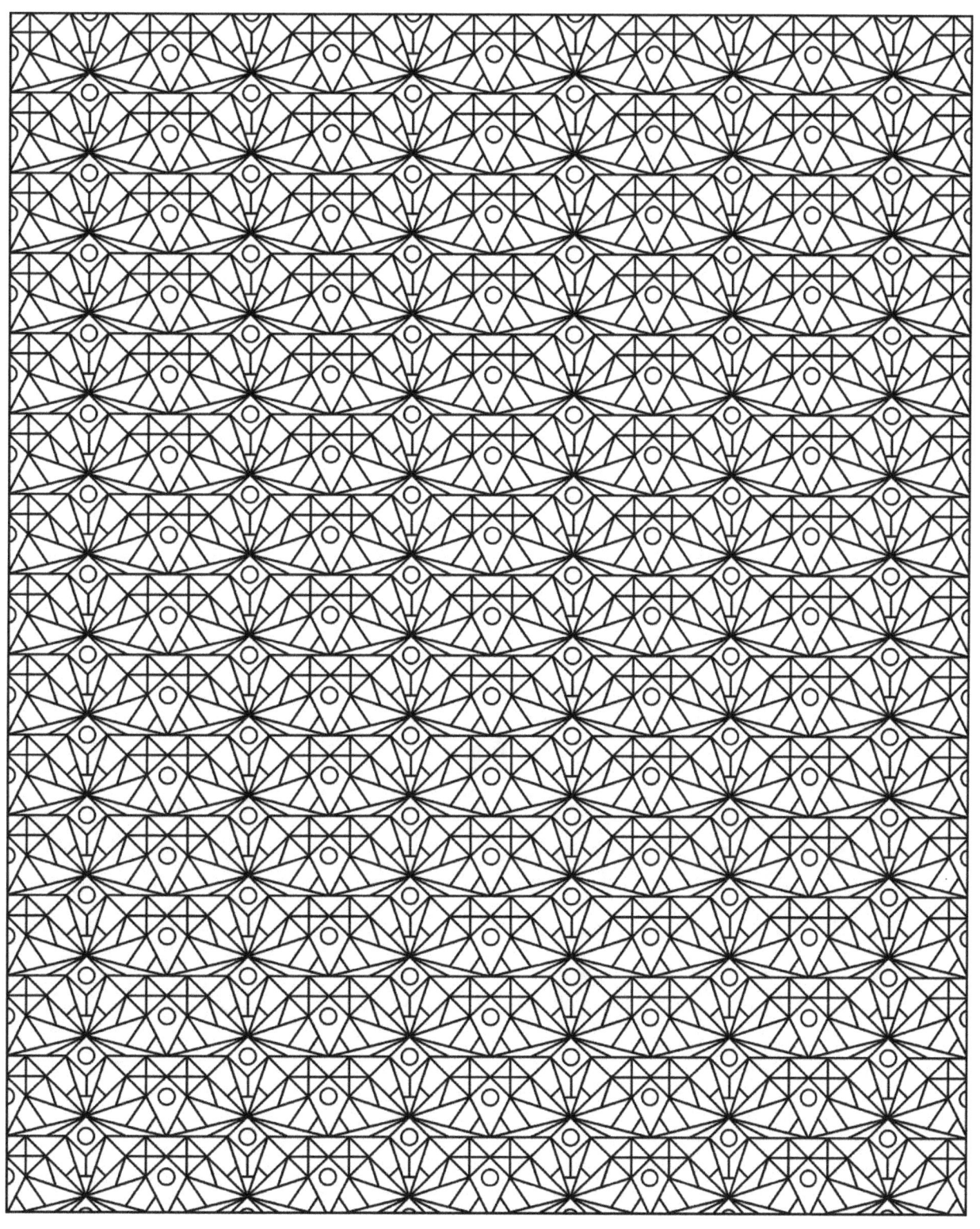

**DALLAGES IMPRESSIONNANTS POUR RELAXATION ET CONTRE LE STRESS –
DESSINS GÉOMÉTRIQUES ABSTRAITS, MOTIFS ET FORMES**

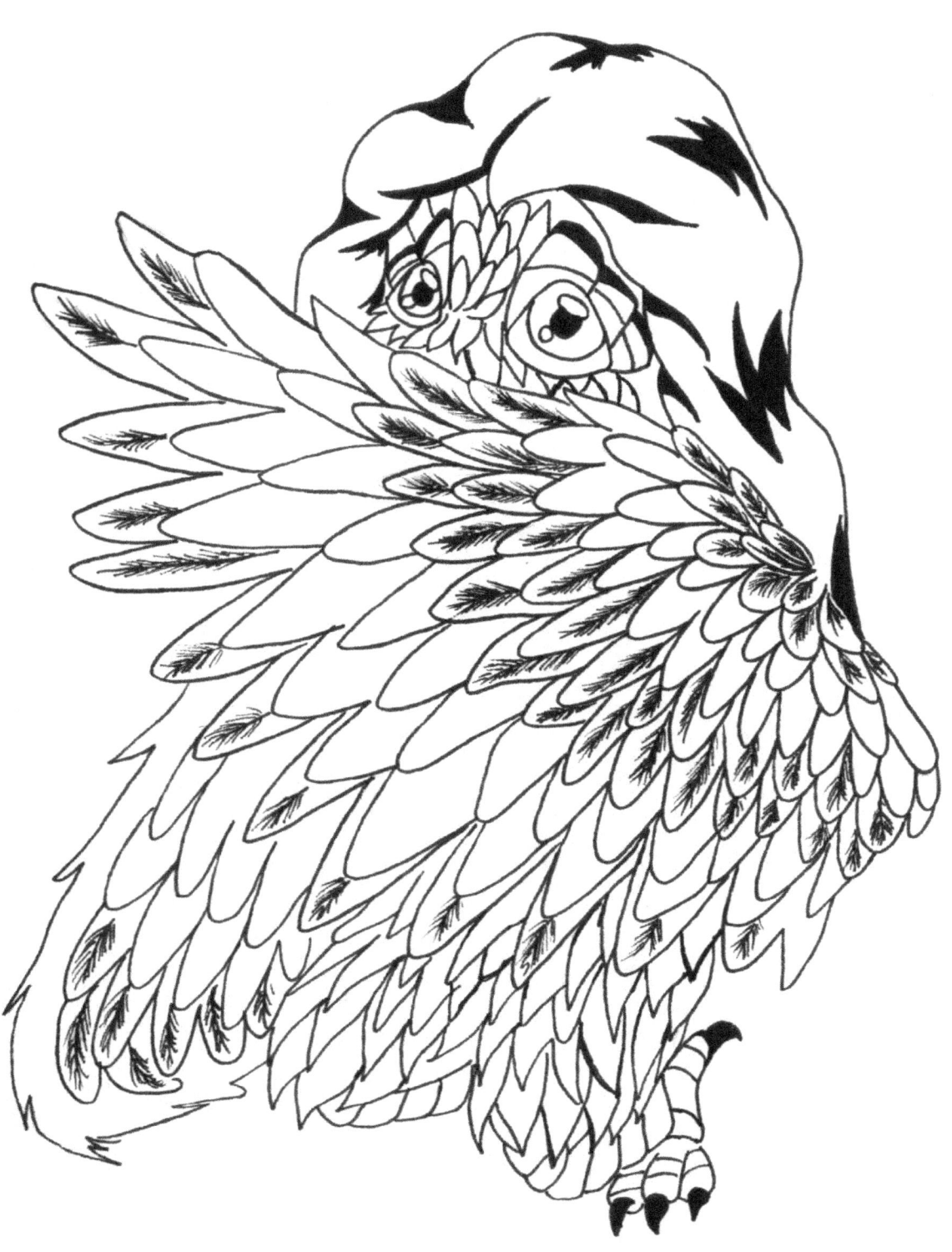

CONTES DE FÉES MAGIQUES ET CRÉATURES FANTAISISTES
IMPRESSIONNANTES

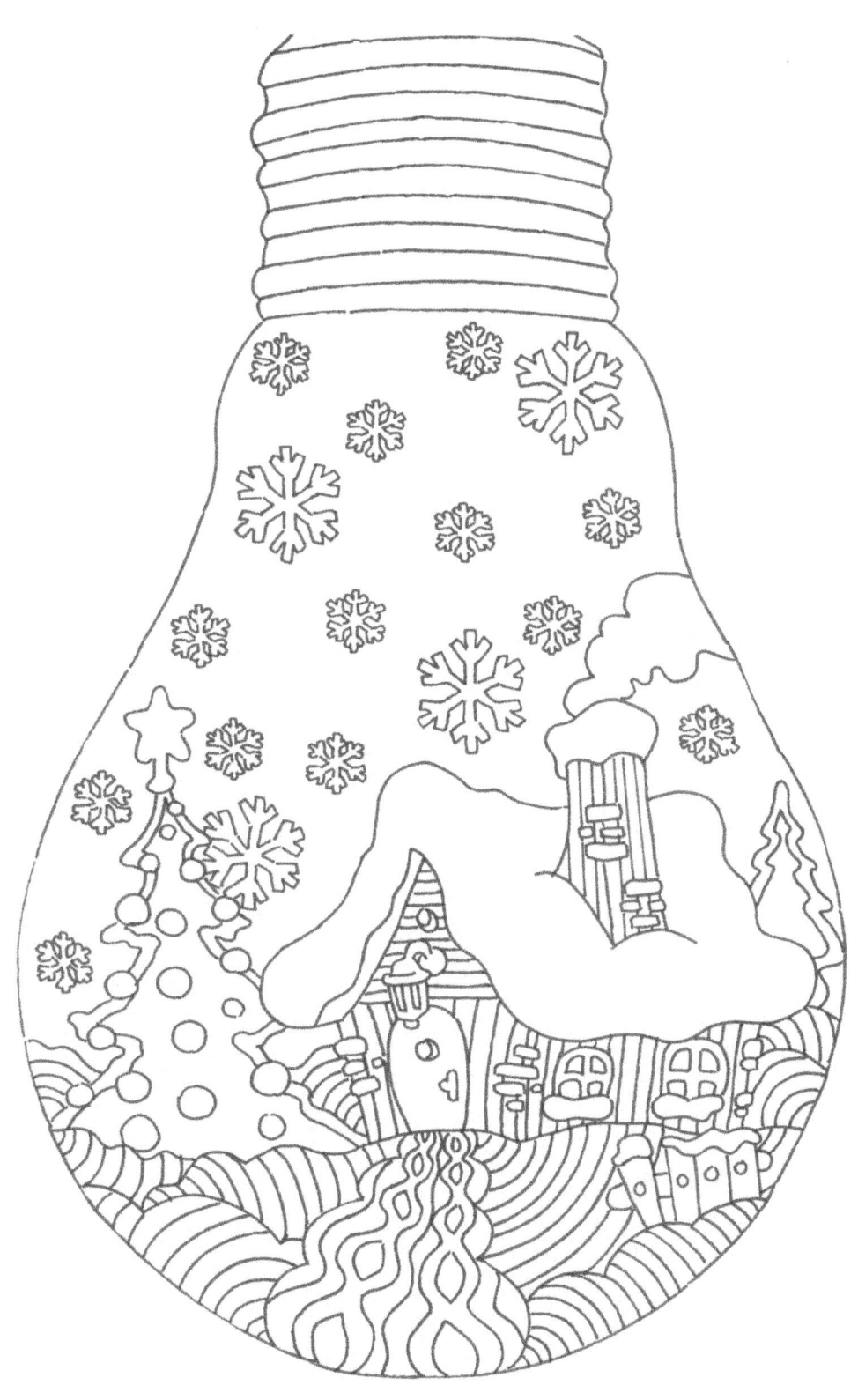

JOYEUX NOËL MAGIQUE ET D'INCROYABLES FANTAISIES D'HIVER

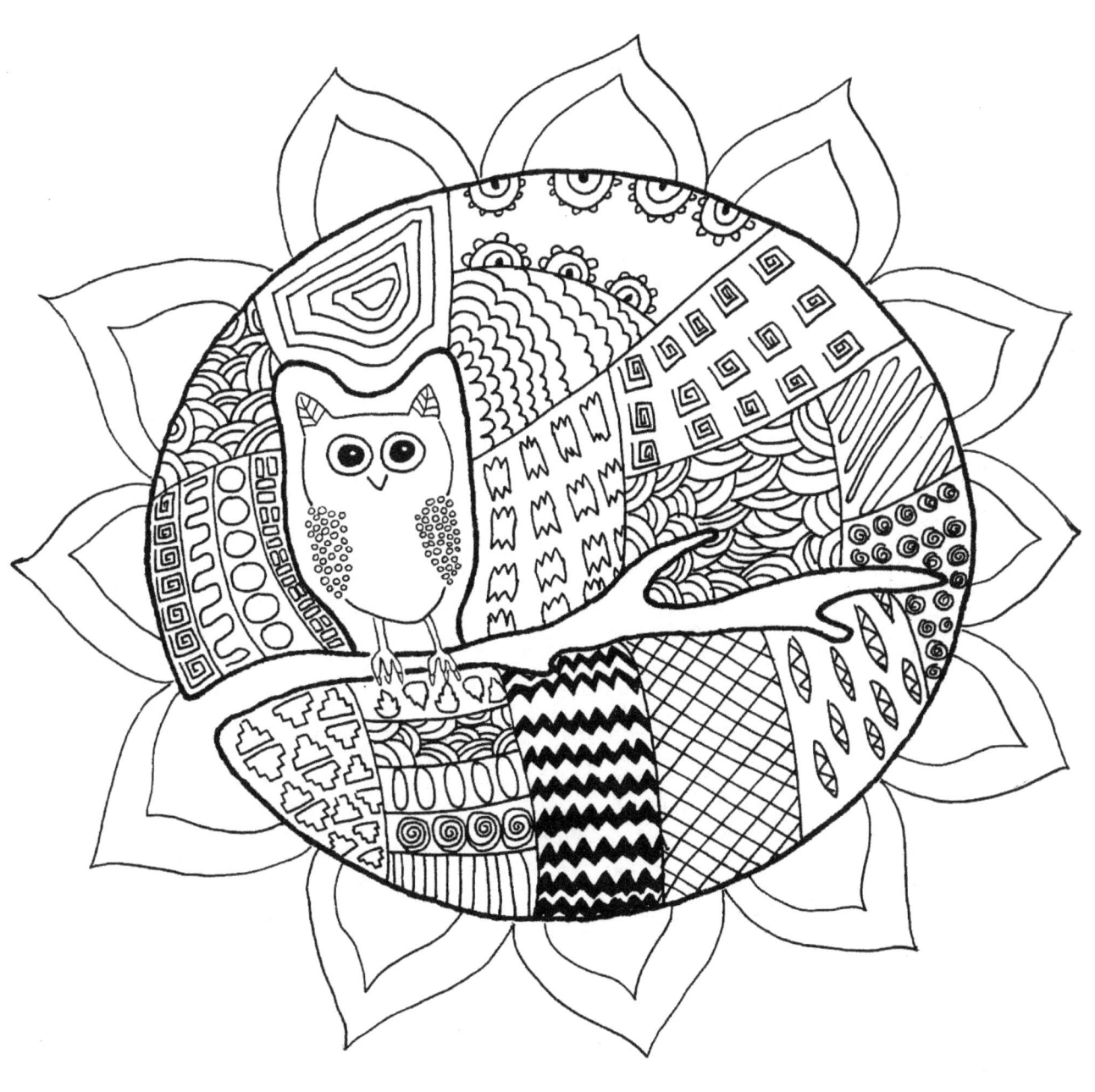

RELAXER ET CALMER - POUR LA RELAXATION, MÉDITATION, SOULAGEMENT DU STRESS, CALME ET GUÉRISON

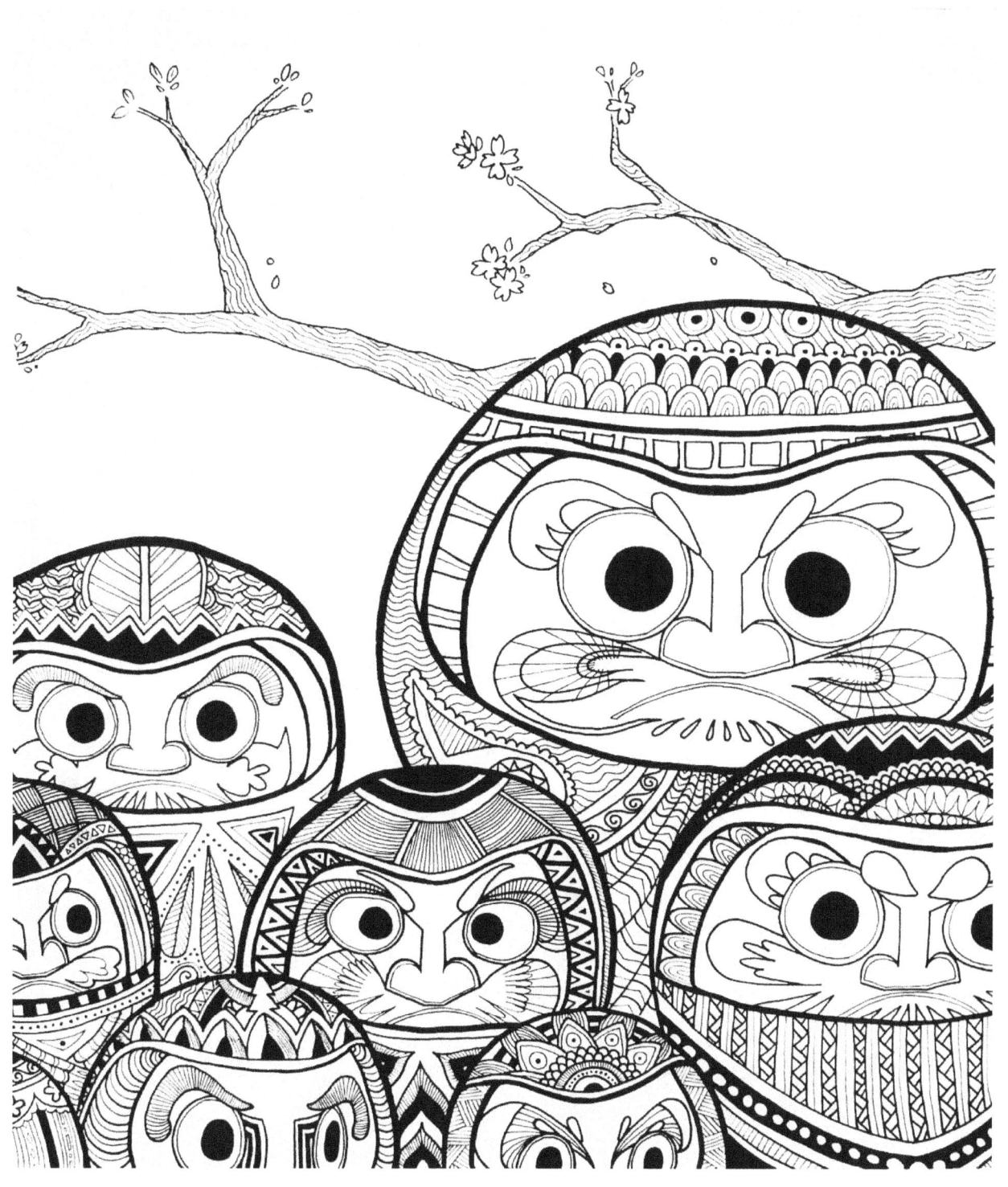

DRAGONS CHINOIS ET PORTES-BONHEUR ASIATIQUES

10 Suggestions De Magnifiques Sons Relaxants

La plupart des gens ont un artiste ou une chanson qu'ils adorent vraiment écouter lorsqu'ils veulent se détendre ou simplement relaxer. Parallèlement, bien des gens croient que la musique aide beaucoup à les apaiser et se calmer. Cependant, les scientifiques Britanniques viennent littéralement de décrire ce sentiment par rapport à la science.

1. Weightless – D'après une récente étude effectuée par *British Academy*, la chanson Weightless est considérée comme étant le son le plus relaxant que vous puissiez écouter. Cette institution, associée au trio musical anglais *Marconi Union*, a produit la piste de tranquillité en utilisant de nombreuses théories scientifiques, lesquelles sont connues pour posséder un effet calmant auprès des gens.

Dr. David Lewis Hodgson, directeur de la recherche chez Mindlab International, est celui qui a dirigé cette étude. En outre, il a aussi déclaré que cette étude démontrait clairement que cette chanson "constituait la meilleure relaxation comparativement à toute autre musique ou chanson qui ont été testées – à vrai dire, a-t-il dit, "weightless était vraiment efficace, plusieurs femmes se sont effectivement senties somnolentes et je vous conseille de ne pas conduire pendant que vous écoutez cette chanson, car cela pourrait vraiment être risqué et dangereux."

Cette étude, qui fut mandatée par le Spa Rodox, a démontré que la chanson intitulée Weightless, lorsqu'elle est en cours de lecture, réduit de 65% l'anxiété globale d'une personne. De plus, cette composition de 8 minutes a mis de l'avant des instruments conventionnels variés comme le piano et la guitare, inclut aussi des exemples d'instruments naturels et d'ambiances sonores du principe spécifique de thérapie sonore, dans le but de calmer la personne écoutant cette chanson.

Cette chanson débute à 60 battements par minute, mais elle ralentira progressivement jusqu'à ce qu'elle atteigne 50. Cela fera en sorte que le battement de coeur de l'auditeur s'accordera aux BPMS de cette piste. Selon *The Telegraph*, vous serez en mesure de réaliser qu'il n'y a pas de mélodies répétitives dans cette chanson. En réalité, cela a été élaboré afin d'empêcher le cerveau de l'auditeur d'essayer de prévoir quel sera le son suivant et cela permet essentiellement de décrocher.

Lyz Cooer, fondatrice de l'Académie Britannique de la thérapie sonore, a dit au journal *The Telegraph* qu'elle est très confiante que *Marconi Union,* associé aux travaux des scientifiques provenant de leur académie, a créé quelque chose qui a abouti à la chanson la plus relaxante du monde entier.

2. Elektra – La prochaine est une chanson appelée Elektra, par Airstream. Selon la même recherche, la chanson intitulée Electra est la seconde parmi les chansons les plus reposantes jamais enregistrées, à côté de Weightless. En revanche, certaines personnes trouvent que cette chanson est plus relaxante par rapport à celle de *Marconi Union.*

3. Mellomaniac – La suivante est Mellomaniac (Chillout Mix) du DJ Shah. Cette chanson est considérée comme étant la troisième chanson la plus relaxante que vous puissiez écouter. Lorsque vous écoutez cette chanson, vous serez en mesure de ressentir l'émotion créée conjointement avec cette composition, vous faisant aimer l'atmosphère où que vous soyez. En outre, vous adorerez la transition de cette chanson et où la piste va, vous faisant sentir vraiment détendu à chaque fois que vous l'écoutez.

4. Watermark – La quatrième de notre Top 10 des plus relaxants est Watermark d'Enya. Il s'agit d'une chanson composée par la musicienne irlandaise, nommée Enya, qui a été sortie en 1988 au Royaume-Uni et l'année suivante aux États-Unis. De plus, cette chanson est considérée comme étant un échantillon phare pour la musique *new age,* même si Enya elle-même ne considère pas que sa musique soit de ce genre.

5. La cinquième de notre liste est une chanson de Coldplay intitulée Strawberry Swing. Cette chanson est sortie le 13 septembre 2009 et a été écrit par les membres du groupe. En fait, cette chanson a été en mesure de recevoir plusieurs commentaires positifs de la part des critiques de musique qui ont louangé le groupe pour la mélodie contagieuse de cette chanson, y compris la performance vocale du chanteur du groupe et l'influence tribale de toute la production.

6. Please Don't Go – Please Don't Go de Barcelone en tête de notre sixième place de la chanson la plus relaxante jamais enregistrée. La musique de cette chanson a été, à l'origine, décrite comme une chanson minutieusement orchestrée, qui a été animée

par des envolées vocales et une portée acoustique, vous aidant à vous sentir détendu chaque fois que vous écoutez la chanson.

7. Pure Shores – La prochaine est Pure Shores de All Saints. Cette chanson est une chanson pop de rêve qui contient des éléments de musique ambiante et électronique. Les paroles de cette chanson parlent de la recherche d'un endroit où l'on peut se détendre et dire qu'il nous appartient. En même temps, elle a aussi reçu un succès critique auprès des critiques qui ont louangé l'ensemble de la production, les voix et les paroles de la chanson. En outre, de nombreux critiques de la musique ont déclaré que Pure Shores est une chanson vraiment apaisante, ce qui est la raison pour laquelle cette piste a atteint le numéro sept de notre liste.

8. Someone Like You – La huitième est la chanson nommée Someone Like you de la chanteuse britannique Adele. À l'origine, cette piste parle d'une personne vivant une rupture amoureuse. De plus, ce morceau a été en mesure de recevoir des éloges universelles de nombreux critiques de musique. Cette chanson a une mélodie très douce qui vous fera sentir vraiment détendu au moment où vous l'écouterez.

9. Canzonetta Sull'aria – La suivante de cette liste est celle de Mozart, "Canzonetta Sull'aria". Avec les chants classiques de cette chanson, ceci sera en mesure d'aimer l'ambiance et d'apprécier où vous êtes, vous sentant déstressé et détendu.

10. We can fly – La dernière de notre liste est la chanson appelée We Can Fly de Café del Mar. Grâce aux instruments relaxants créés dans cette chanson, vous ne ressentirez plus de stress après une longue journée chaque fois que vous écouterez cette chanson.

11. Comme bonus supplémentaire, il est recommandé d'écouter des sons de la nature. La nature a un effet calmant sur l'esprit humain. L'eau flottante, le vent qui souffle, le chant des oiseaux ; tous ces sons sont très relaxants. Dans plusieurs aéroports, ils font déjà joué des sons de la nature à faible volume, peut-être pas reconnu de façon consciente ou inconsciente, pour réduire le niveau de stress des passagers. Il est suggéré d'écouter des sons de la nature pendant une période d'au moins 5 minutes par jour.

PLUS D'ILLUSTRATIONS EN BONUS

Pour tous les abonnés de notre bulletin d'informations, nous donnons un autre 10 (!) dessins relaxants bonus tout à fait GRATUITEMENT. Ils sont beaux, relaxants et, avec votre aide, ils deviendront de véritables chefs-d'oeuvre.

Obtenez-les ici:

http://relaxation4.me/bonus

Vous "Aimez" Ce Livre ?
Vos Amis Facebook
L'aimeront Aussi

Faites-leur une faveur:

Partagez sur Facebook:
www.relaxation4.me/partager

Commentaire

Nous Avons Besoin De Votre Aide! Veuillez prendre un moment pour évaluer ce livre sur Amazon. Cela nous aidera à continuer à produire de grands livres pour vous. Si vous aimez ce livre, veuillez le commenter! :)

Nous aimons tous nos clients et nous faisons de notre mieux pour fournir la plus grande valeur sur papier. D'une manière passionnée de rechercher constamment à atteindre la perfection, nous aimerions avoir vos commentaires. Dites-nous vos opinions et vos souhaits.

info@relaxation4.me

Merci :)

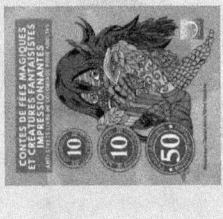 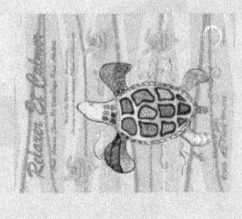 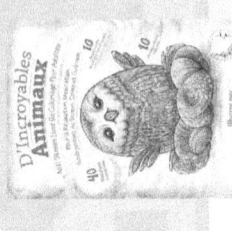

Nos Extraordinaires Livres

Tous nos livres comprennent beaucoup de superbes illustrations qui vous seront bénéfiques pour des semaines de relaxation de l'esprit, stimulation de la créativité et plaisir à colorier. En plus de ces nombreuses illustrations magnifiques, vous trouverez 10 astuces/conseils pour une vie enrichie et 10 messages positifs inspirants. Vérifiez les sur **www.amazon.fr**

CONTES DE FÉES MAGIQUES ET CRÉATURES FANTAISISTES IMPRESSIONNANTES

Un livre à colorier magiques plein de mignonnes créatures mythiques comme des fées, sirènes, démons et monstres. Si vous avez rêvé d'être Alice au pays des merveilles, ce livre est le choix parfait pour vous.

Comprend : 10 Techniques Magiques Pour Mieux Dormir

RELAXER ET CALMER - POUR LA RELAXATION, MÉDITATION, SOULAGEMENT DU STRESS, CALME ET GUÉRISON

Êtes-vous à la recherche d'une façon de vous sentir détendu et décontracté ? Chacun de nos livres à colorier vous aidera à ressentir ces émotions. Mais, celui-ci, avec ses beaux motifs, cache un trésor. Est-ce que cela va devenir votre trésor ?

Comprend : 10 Suggestions De Super-Aliments Pour Rehausser Votre Santé

D'INCROYABLES ANIMAUX – POUR LA RELAXATION, MÉDITATION, SOULAGEMENT DU STRESS, CALME ET GUÉRISON

Les plus célèbres créatures du monde entier, toutes présentées dans ce livre. À côté de bien d'autres, vous trouverez un mignon bébé hibou, une famille de pingouin et un écureuil mangeant une noix.

Nous aimons les animaux !

Comprend : 10 Suggestions De Magnifiques Sons Relaxants

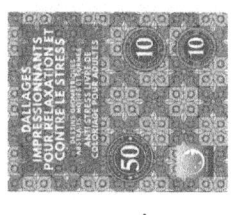
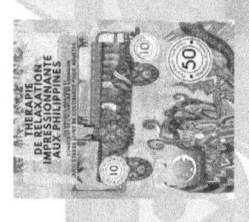

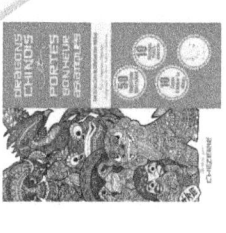

D'INCROYABLES DALLAGES POUR LA RELAXATION ET CONTRE LE STRESS – DESSINS GÉOMÉTRIQUES ABSTRAITS, MOTIFS ET FORMES

Les formes géométriques ne doivent pas être associées aux mathématiques. Dans ce livre, votre cerveau gauche rencontrera votre cerveau droit et seront connectés d'une merveilleuse façon créative.

Comprend : 10 Techniques Efficaces Pour Réduire Le Stress

INCROYABLE THÉRAPIE DE RELAXATION DES PHILIPPINES – UN VOYAGE MAGIQUE ET CONSCIENT DANS L'AVENTURE DE LA GUÉRISON

Les Philippines sont remplies de décors incroyables et magnifiques. Vous trouverez des paysages et des biens culturels à colorier, qui vous donneront envie de voyager aux Philippines. Ce merveilleux livre à colorier a été illustré par des artistes handicapés et nous les soutenons.

Comprend : 10 Secrets Pour Être Sans Stress

JOYEUX NOËL MAGIQUE ET D'INCROYABLES FANTAISIES D'HIVER

Pourquoi se contenter d'attendre à Noël pour recevoir un cadeau du Père Noël quand vous pouvez vous faire un cadeau dès aujourd'hui ? Décorations, présents, bonshommes de neige et même le Père Noël. Tout ce qui est charmant à propos de Noël et de l'hiver, vous le trouverez dans ce livre.

Comprend : 10 Conseils Pour Des Relations Charmantes

DRAGONS CHINOIS ET PORTES-BONHEUR ASIATIQUES

Si vous pensiez que colorier des illustrations est un excellent passe-temps, car il détend votre esprit et stimule votre créativité, vous avez totalement raison. Mais, si le fait de colorier attire aussi la chance dans votre vie ? Avec ce livre de coloriage, vous pouvez l'expérimenter. 50 illustrations impressionnantes remplies de chance. Soyez l'architecte de votre propre chance.

Comprend : 10 Façons D'Attirer La Chance

Merci!

www.ingramcontent.com/pod-product-compliance
Lightning Source LLC
Chambersburg PA
CBHW080705190526
45169CB00006B/2252